CUIDADO EM TEMPOS DE DISTANCIAMENTO SOCIAL

CUIDADO EM TEMPOS DE DISTANCIAMENTO SOCIAL

Claudia Lins Cardoso (Org.)
José Paulo Giovanetti (Org.)
Paulo Eduardo R. A. Evangelista (Org.)
Achilles Gonçalves Coelho Júnior
Ari Rehfeld
Beatriz Helena Paranhos Cardella
Maria Madalena Magnabosco
Saleth Salles Horta

Coleção Fenomenologia e Psicologia Clínica

Artesã

DIRETOR
Alcebino Santana

COORDENAÇÃO EDITORIAL
Karol Oliveira

DIREÇÃO DE ARTE
Tiago Rabello

REVISÃO
Tatiana Iegoroff de Mattos

CAPA
Karol Oliveira

PROJETO GRÁFICO E DIAGRAMAÇÃO
Conrado Esteves

C964

Cuidados em tempos de distanciamento social / Claudia Lins Cardoso ; José Paulo Giovanetti ; Paulo Eduardo Rodrigues Alves Evangelista (Org.). – Belo Horizonte : Artesã, 2021.

192 p. ; 21 cm. – (Fenomenologia e psicologia clínica)

ISBN: 978-65-86140-76-7

1. Psicologia existencial. 2. Gestalt-terapia. 3. Contemporaneidade. 4. Plantão psicológico. I. Cardoso, Claudia Lins. II. Giovanetti, José Paulo. III. Evangelista, Paulo Eduardo Rodrigues Alves.

CDU 159.9

Catalogação: Aline M. Sima CRB-6/2645

IMPRESSO NO BRASIL
Printed in Brazil

(31)2511-2040 (31)99403-2227
www.artesaeditora.com.br
Rua Rio Pomba 455, Carlos Prates - Cep: 30720-290 | Belo Horizonte - MG
/artesaeditora

Sumário

Apresentação

Este é o terceiro volume da série de publicações iniciada em 2018, com escritos de professores do Curso de Especialização em Psicologia Clínica: Gestalt-Terapia e Análise Existencial, do Departamento de Psicologia da Faculdade de Filosofia e Ciências Humanas da Universidade Federal de Minas Gerais (UFMG). Como nos dois livros anteriores, os escritos dos professores da casa são complementados com os de professores convidados.

O tema não poderia ser mais relevante neste momento: a psicologia humanista-existencial no contexto da pandemia de coronavírus. Sobre a pandemia, pouco se precisa escrever aqui. Dada sua gravidade, toma conta dos noticiários e de nossas preocupações desde março de 2020. Expressamos, aqui, nossos sentimentos por todas as vítimas desse terrível vírus e do contexto social e político que contribuiu para a calamidade que ainda estamos vivendo.

A chegada do coronavírus também adiou nossos planos: estávamos organizando o IX Congresso Mineiro de Análise Existencial, que ocorreria no final de 2020, quando a interrupção de atividades presenciais na UFMG nos levou a repensar a viabilidade do evento. No primeiro semestre de

2020, ainda acreditávamos que a pandemia seria passageira, mas logo ficou claro que as mudanças radicais pelas quais as vidas de todos nós passavam perdurariam e decidimos adiar o congresso e, em seu lugar, realizarmos um evento on-line. Surgiu, assim, o Encontro Mineiro de Gestalt-Terapia e Análise Existencial, cujas palestras serviram de base para os capítulos que compõem este livro.

Todos os palestrantes trouxeram para discussão com o público contribuições acerca das possibilidades de *Cuidado em tempos de distanciamento social.* As apresentações tiveram todas um tom bastante pessoal, dado que cada um falou a partir e sobre sua experiência clínica e de vida, e conduziram uma reflexão sobre os encontros na modalidade virtual.

Todos os autores vêm de longa experiência clínica presencial. Tiveram contato com telefones celulares e redes sociais já adultos. Não têm, portanto, a mesma familiaridade com o mundo virtual que grande parte das pessoas nascidas no final do XX e no presente século XXI. Têm, por outro lado — e isto é importante ressaltar —, muita bagagem teórica e prática de contato presencial com pessoas em sofrimento psicológico. Suas contribuições vão na direção, portanto, de refletir sobre as mudanças na clínica psicológica pelas quais estão passando.

É possível cuidar em tempos de distanciamento social? Como? A qualidade do encontro muda? Para melhor ou pior?

Enfim, essas são algumas das perguntas que nossa situação atual impõe e que começaram a ser respondidas no Encontro Mineiro de Gestalt-Terapia e Análise Existencial e que os capítulos a seguir pretendem desenvolver.

O primeiro capítulo tece uma reflexão sobre o momento epocal em que vivemos e no qual a pandemia chega. José Paulo Giovanetti analisa a ontologia do século XXI, caracterizada pelo predomínio científico e tecnológico, do qual nossa vida se tornou dependente, e pelo individualismo. Tal composição traz em seu bojo uma crise de fundamentos da civilização ocidental. Uma das faces dessa crise é a do sentido e este é o tema central do escrito. O que é sentido? Como se manifesta? Como se transforma? Giovanetti percorre esse importante tema da vida humana e da Psicologia Existencial, alertando para o risco do vazio de sentido, em potência na estrutura do mundo contemporâneo.

Achilles Coelho Jr., professor do Centro Universitário FIPMoc, em Montes Claros/MG, recorre à fenomenologia de Edith Stein para discutir o importante tema da autenticidade. No contexto filosófico delimitado, autenticidade tem a ver com a pessoa tornar-se si mesma, apropriando-se da condição humana universal e individual que ela é. Mas como a pandemia de COVID-19 afeta esse caminho existencial? São tantas as dificuldades que o isolamento social trouxe... Este contexto inviabiliza a autenticidade? Ou, pelo contrário, a promove?

Maria Madalena Magnabosco, no terceiro capítulo, tematiza a importância da psicoterapia neste momento. Terapia é para cuidar, para resgatar o cuidado como condição existencial. Mesmo antes da pandemia, essa dimensão fundamental humana ficava escondida pelo barulho do mundo contemporâneo. A pandemia, que exige de tantas pessoas a interrupção, a parada, o silêncio, traz consigo incômodos incompreensíveis que apontam para a falta de intimidade consigo mesmo. Costurando habilmente poesia e filosofia, Madalena abre uma senda silenciosa e íntima que nos convida a nos aproximarmos de nós mesmos e dos outros. Essa senda pode, hoje, ser encontrada na psicoterapia analítico-existencial, tal como vislumbrado pela autora.

Além do silêncio, outro aspecto fundamental da psicoterapia é a presença. Este é o tema do escrito de Saleth Horta.

A autora percorre, baseada em sua prática clínica atual, os modos como as pessoas estão sofrendo com a pandemia para, em seguida, descrever o que é ser presença no encontro, mesmo que virtual, e como é um antídoto para alguns dos sofrimentos psíquicos tão acentuados atualmente, como fobias, ansiedade e depressão.

Ari Rehfeld, professor da PUC-SP, descreve o campo atual da pandemia e como ela impacta nossa existência para, em seguida, indicar caminhos de enfrentamento. Suas reflexões baseiam-se em sua própria vivência e na compartilhada com tantos pacientes, a quem precisou começar a atender online. Seu escrito nos conduz à essência da psicoterapia fenomenológico-existencial: a compreensão, entendida como o compartilhar o mundo do outro.

O encontro é uma via de mão dupla, necessariamente. Beatriz Cardella, professora do Departamento de Gestalt-terapia do Instituto Sedes Sapientiae e do Centro de Estudos e Pesquisas em Gestalt-terapia de Campinas (Satori-GT), explicita em seu escrito como os pacientes cuidam de seus terapeutas, humanizando-os. O contexto da pandemia é compartilhado e os sofrimentos que estão ali com o paciente também estão aqui, com o/a terapeuta. Ambos se cuidam, curam-se. A relação dialógica de cuidado acontece também na díade supervisor-supervisionando e Cardella, qual artista, pinta o quadro desse compar-trilhar no qual desabrocham novos cuidadores.

Os últimos dois capítulos, de Claudia Lins e Paulo Evangelista, trazem para esta publicação uma "dobradinha" que tem acontecido na graduação em Psicologia da UFMG, mais especificamente no Plantão Psicológico do Serviço de Psicologia Aplicada (SPA) da Faculdade de Filosofia e Ciências Humanas (FAFICH) da UFMG. Nas supervisões clínicas com a equipe de graduandos desse projeto de extensão, que oferece atenção psicológica sem agendamento para a comunidade acadêmica, os autores têm posto em diálogo a Gestalt-Terapia e a Análise Existencial, revelando as muitas dimensões que as aproximam. Os capítulos 7 e 8 encenam essa conversa apresentando cada qual uma das abordagens psicológicas na compreensão da situação terapêutica característica do Plantão Psicológico.

Estas discussões foram iniciadas no Encontro Mineiro de Gestalt-Terapia e Análise Existencial e agora podem chegar a mais pessoas, convidando para novas reflexões, diálogos e desdobramentos. Desejamos que a leitura seja clínica, isto é, seja um modo de cuidado com o leitor, e que contribua na sua prática clínica, cuidando de quem está com o sofrimento agudizado neste contexto de distanciamento social e morte que nos rodeia. Esperamos que estes escritos convirjam na busca de realização do potencial humano tão necessário neste momento.

Belo Horizonte, 23 de maio de 2021.

Paulo Eduardo R. A. Evangelista
Claudia Lins Cardoso
José Paulo Giovanetti

1

A questão do sentido da vida em tempos difíceis

José Paulo Giovanetti

A segunda revolução individualista, ocorrida em 1968, na França, e cujos desdobramentos ocorreram no início da década de 70, provocou, juntamente a outros acontecimentos, o questionamento do humanismo do pós-guerra, a expansão da sociedade de consumo e, fundamentalmente, o predomínio da ciência e da técnica na organização da vida cotidiana, grandes transformações no modo de viver do homem ocidental.

A sociedade contemporânea se reestruturou numa rapidez jamais vista no seu caminhar histórico. Os valores e os padrões de comportamento da tradição foram questionados e substituídos por outras diretrizes existenciais. Todas essas transformações contribuíram para uma nova organização da identidade do indivíduo, ou seja, para a formulação de novos processos de subjetivação. Hoje, os parâmetros do viver passam por caminhos muito diferentes dos apontados pela tradição.

Essa revolução é tão profunda que o que está sendo questionado nesses últimos cinquenta anos são os fundamentos da civilização ocidental, que teve os seus pilares na filosofia grega e na mensagem bíblico-cristã. O grande conceito de transcendência religiosa elaborado nos últimos dois mil anos é colocado em xeque. O que assistimos é a imanência do sujeito, que passa a ser o fundamento e a razão de toda organização do viver. Esse triunfo do individualismo, que cada vez mais se afirma no horizonte da civilização ocidental, nos leva a denominar a nova era como os tempos do indivíduo hipermoderno[1].

O indivíduo que coloca como valor central a sua liberdade comanda, ele próprio, a sua vida. Não é mais uma realidade extrema que dita as normas da sua vida, seja essa referência extrema Deus ou mesmo os padrões difundidos pela família. O que conta agora é o seu inconformismo com as regras exteriores e a busca de sua autonomia.

Entretanto, a "[...] liberdade do indivíduo fará nascer a dúvida, a incerteza, um sentimento de impotência e inseguridade. Essa autonomia acompanhará a emergência de um sentimento problemático, complexa fonte de angústia, o sentimento do eu, o medo de perder algo"[2]. Diante dessa nova configuração existencial, uma das questões vitais do ser humano, o problema do sentido da vida, é questionada e reformulada a partir de outros pontos de vista.

Essa transformação é tão grande que o filósofo mineiro Henrique Cláudio de Lima Vaz (1921-2002) nomeia os tempos atuais como a civilização contemporânea pós-cristã[3],

[1] Há um excelente livro, sob a direção de Nicole Aubert, no qual vários escritos explicitam os parâmetros do sujeito contemporâneo. Cf.: AUBERT, Nicole. *L'individu hypermoderne.* Toulouse: Éditions Érès, 2004.

[2] HAROCHE, Claudine. Manières d'être, manières de sentir de l'individu hypermoderne. In: AUBERT, Nicole. *L'individu hypermoderne.* Toulouse: Éditions Érès, 2004, p. 31.

[3] VAZ, Henrique Cláudio de Lima. *Escritos de Filosofia III*: Filosofia e Cultura. 2. ed. São Paulo: Edições Loyola, 2002, p. 234.

querendo destacar que as bases da humanidade ocidental estão em grande processo de mudanças.

Pensar e viver o sentido da vida dentro desse novo horizonte torna-se um desafio para todos nós. Assim, dividiremos nossa reflexão em três partes. Em primeiro lugar, vamos tentar esboçar um quadro do contexto contemporâneo, destacando as principais forças da nova organização da sociedade e dentro desse quadro o problema do questionamento do sentido por meio do surgimento da mentalidade niilista. Em segundo lugar, apresentaremos uma reflexão antropológico-existencial sobre o problema do sentido, destacando que viver o sentido da vida é uma questão estrutural do ser humano e que ninguém passa ao largo dessa questão — ela é própria da estrutura humana. Finalmente, buscaremos apontar algumas formas de se viver o sentido da vida na contemporaneidade.

O contexto contemporâneo

1.1 O modo de pensar do homem atual

Antes de examinarmos as transformações dos últimos cinquenta anos, é necessário destacar o que se passa no horizonte histórico da civilização ocidental nos três últimos séculos, quando essa civilização se estrutura a partir do princípio-valor do indivíduo, sendo nomeada de modernidade. Só a partir da modificação do horizonte da civilização ocidental poderemos compreender a crise de sentido que se instala hoje e a busca desesperada de se reorganizar a direção existencial.

O que se assistiu no início da era moderna foi uma mudança, uma nova articulação entre três conceitos centrais da filosofia, a saber: mundo, homem e Deus. A nova articulação do eixo simbólico provocou uma reorganização da cultura e da política no ocidente, assim como também gerou uma nova visão de mundo. Não vamos nos ater aqui aos acontecimentos que provocaram essa mudança paradigmática, mas apenas apontar o novo modo de pensar da cultura ocidental.

Inicialmente, na Antiguidade, pensava-se o homem a partir de uma visão de mundo. Os pensadores gregos pré-socráticos se perguntavam sobre o princípio organizador do cosmos e indagavam sobre o lugar do homem nesse mundo hierarquizado. A essa visão deu-se o nome de cosmocêntrica, na medida em que, nela, o homem é compreendido como uma peça da engrenagem do universo. O segundo esquema dominante na cultura ocidental foi o teocêntrico, no qual a "[...] natureza perde a sua prerrogativa de *arqué* ou princípio originário e de *kanon* ou regra última do agir humano, como também o de ser o *télos*, o fim que acolhe definitivamente e reabsorve no seu seio todos os caminhos do homem"[4]. No período chamado Idade Média, a referência maior será o Deus cristão. Nesse momento histórico, o homem agora não se compreende a partir do cosmos, mas a partir de um transcendente absoluto, nomeado Deus: "Na leitura cristã do mundo, a ordem e o sentido das coisas e do próprio homem derivam de uma fonte transcendente de significação"[5].

O horizonte que se descortina a partir do início da era moderna, e que agora nos tempos atuais atinge o seu ápice, é a substituição desse paradigma teocêntrico pelo paradigma antropocêntrico. A grande revolução é que o homem moderno perde como fundamentação do seu agir

[4] Idem, ibidem, p. 104.

[5] Idem, ibidem.

a referência da natureza (mundo antigo) e de uma realidade transcendente (mundo cristão) e busca o fundamento em si mesmo. É o próprio homem o legislador do seu agir. O novo eixo simbólico é fundado no próprio homem. Esse é o princípio-valor do novo mundo que se abre no início do século XX.

O sol da organização social e cultural dessa nova era que se inicia é o próprio homem. Todo o fundamento do seu agir é ditado pela inteligibilidade de si mesmo. Assistimos ao deslocamento de uma referência exterior ao homem (natureza e Deus) para uma referência interna (o próprio homem). Esse processo de passagem de transcendência para a imanência está no horizonte dos tempos atuais. O econômico, o social, o político e a cultura são compreendidos a partir das diretrizes que emanam do que se entende pelo ser humano, da filosofia do homem. O fundamento no sujeito é a referência máxima dos tempos modernos.

Ora, é a partir desse novo horizonte que podemos compreender o problema do sentido na vida humana, pois, agora, o sentido da vida não é mais fundamentado e construído a partir de fora (Deus), mas a partir do desejo pessoal e do poder de dominação do homem sobre a natureza. É ele que funda a questão do sentido e do não-sentido da vida humana.

A grande crise da nossa cultura é uma crise do sentido e, para entendermos a especificidade dessa crise, temos que explicitar algumas diretrizes da civilização atual.

1.2. A sociedade do século XXI

A sociedade atual vem se estruturando a partir das bases lançadas no século XVIII. Na realidade, como dissemos anteriormente, foi a partir do final da Idade Média que as bases da sociedade moderna se estruturaram. Embora os últimos cinquenta anos possam parecer totalmente diferentes dos anos do meio do século XX, as bases da sociedade de hoje são as mesmas.

Muitos intelectuais identificam uma ruptura nos anos 60 e, por isso, nomeiam o tempo atual como pós-moderno. Nós entendemos diferente: embora possam existir muitas diferenças no modo de viver das pessoas, os pilares atuais — a concepção de ciência, a ideologia individualista — são os mesmos. Daí nomearmos os tempos atuais como modernidade tardia, a fim de apontarmos as mesmas bases, embora estejamos assistindo a uma exacerbação de alguns pontos. Sem entrar nos acontecimentos históricos que possibilitaram o fortalecimento dos pontos chaves dos tempos atuais, iremos destacar os princípios do modo de vida do homem hoje.

O primeiro elemento que merece destaque é o conceito de ciência moldado a partir do Renascimento, em que a matematização do cosmos possibilitou uma nova concepção do universo, passando de um modelo geocêntrico para o modelo heliocêntrico. Assim, apontamos como uma característica da modernidade de ser uma civilização científico-tecnológica. Agora, o que tem valor é o que podemos medir e quantificar. Diante dessa nova maneira de ser, a natureza perde o seu caráter divino e é entendida como um objeto científico.

O equacionamento da ciência e da tecnologia ganha contornos novos hoje. Atualmente, a tecnologia leva, no seu bojo, o desenvolvimento da ciência, que, para avançar, depende do desenvolvimento de novas tecnologias.

Esse predomínio da ciência e da tecnologia será chamado por Heidegger de Era da Técnica. Essa dessacralização do mundo pela técnica e o predomínio da racionalidade científica no quotidiano do homem será nomeado por alguns intelectuais — principalmente os da Escola de Frankfurt, como Habermas — como razão instrumental, que significa a "[...] utilização da racionalidade quando avaliamos os meios mais simples para atingirmos um fim dado"[6]. A tecnologia chegou a um grau de expansão e domínio que a vida, para ser vivida, depende cada vez mais do desenvolvimento tecnológico. Os computadores cada vez mais possantes e rápidos provocam, no ser humano, uma impaciência para qualquer acontecimento que precisa ter o seu tempo natural respeitado, como por exemplo, o amadurecimento de uma fruta. Hoje, busca-se acelerar inclusive o amadurecimento do próprio ser humano, determinando-se tarefas inadequadas para cada idade. Exige-se de uma criança, por exemplo, compreensões abstratas impróprias para o seu desenvolvimento cognitivo.

Hoje, também, a internet vem modificar os hábitos das pessoas: "Estamos em contato com o mundo inteiro, mas, ao mesmo tempo, isolados na frente do computador, deixando de lado o contato face a face para privilegiar o contato virtual"[7].

Essa primazia da razão instrumental se manifesta por meio do prestígio que envolve a tecnologia e que nos faz procurar soluções tecnológicas onde o desafio é todo de outra ordem. Por exemplo, no contato entre um médico e um paciente, o encontro humano passa para segundo plano, pois é a radiografia ou a tomografia o mais importante na compreensão do sofrimento humano.

[6] TAYLOR, Charles. *Le malaisé de la modernité*. Toronto: Éditions Bellarmin, 1992, p. 12.

[7] GIOVANETTI, José Paulo. A existência e suas patologias no mundo hipermoderno. In: ROMERO, Emílio; RIBEIRO, Wânier (orgs.). *Vulnerabilidade humana e conflitos sociais*. São José dos Campos: Della Dídia Editora, 2009, p. 27.

Ora, a disseminação desse tipo de comportamento vem empobrecer o contato humano, provocando uma perda de profundidade na relação social, pois a razão instrumental domina todo o espaço da vida humana.

O segundo elemento característico dos tempos atuais, e que merece destaque, é o individualismo: estamos mergulhados em uma sociedade cada vez mais individualista.

A ideologia individualista, atualmente predominante no modo de viver das pessoas, é algo que não surgiu do nada, mas foi moldada ao longo de vários séculos. No final da Idade Média, algumas modificações no seio da sociedade, como a busca de novos mundos para o comércio da época, impulsionam um conjunto de ideias a partir das quais o ser humano será concebido e afirmado como separado de sua fonte inspiradora, a dependência e a compreensão a partir de Deus. O próprio homem será afirmado como fonte de suas ações. O homem será o seu próprio fundamento. "O homem do humanismo é aquele que não concebe mais receber normas e leis nem da natureza das coisas, nem de Deus, mas que pretende fundá-las, ele próprio, a partir de sua razão e de sua vontade"[8].

Essa soberania do sujeito foi construída ao longo de anos na filosofia moderna e, hoje, atinge o seu ápice com a segunda revolução individualista, como acentuamos no início de nossa reflexão. Os principais momentos podem ser resumidos em quatro passos.

Descartes dá o primeiro passo por meio de sua filosofia, quando coloca o sujeito como fundamento de todo o edifício filosófico. *Cogito, ergo sum*. Penso, logo existo. Inicia-se,

[8] RENAUT, Alain. *O indivíduo*: reflexão acerca da filosofia do sujeito. Rio de Janeiro: Difel, 1998, p. 10.

aqui, o que denominamos a filosofia da subjetividade. É a partir do sujeito que tudo se constrói. O segundo passo é dado pela filosofia do Iluminismo, onde a razão passa a ser, de forma incontestada, o grande sol da aventura humana. É claro que foi na Grécia, com o nascimento da filosofia, que a razão passou a ser o sol do caminhar da civilização ocidental, superando a mentalidade mítica. Entretanto, aqui, a racionalidade científica que ganha força, e ela agora não está mais submissa à fé (a racionalidade teológica), mas ela é capaz de tudo afirmar.

O terceiro passo é dado pela filosofia de Kant, na qual "[...] surge realmente a ideia de autonomia, mediante a crítica da moral da felicidade"[9]. A ideia de autonomia da vontade vem coroar a independência do sujeito frente às determinações e imposições externas. O último passo foi dado por Nietzsche, com a ideia de vontade de poder: "O querer humano cessa inteiramente de se dirigir a um fim para se voltar sobre si mesmo"[10]. A afirmação do indivíduo na modernidade torna-se a pedra fundamental do viver.

Hoje, assistimos a uma afirmação cada vez mais radical da vontade própria se sobrepondo à vontade coletiva. Tudo parte do sujeito, do seu desejo, da sua vontade. Ora, essa afirmação do indivíduo como princípio, ou melhor, do paradigma individualista, se instaura no seio da sociedade moderna, opondo-se com todas as forças às orientações de uma sociedade moldada na tradição. A sociedade moderna adota o indivíduo como valor supremo e a emancipação individual passa a ser a grande orientação da vida humana: "A lógica do individualismo e, seguramente, a da independência,

[9] Idem, ibidem, p. 15.

[10] Idem, ibidem, p. 16.

da 'libertação dos entraves', tem como horizonte a maneira como o indivíduo moderno tende a preocupar-se apenas consigo mesmo"[11].

Hoje, busca-se uma independência absoluta com uma recusa de regras que possam limitar a vontade. O retrato dessa postura pode ser sentido em um dos lemas da revolução estudantil na França, em 1968, quando se lia escrito nos muros: "É proibido proibir".

O que assistimos ao longo da modernidade foi uma afirmação da liberdade sem regras, ideal esse que não estava presente no pensamento dos filósofos iluministas ou no de Kant, que defendiam a liberdade como autonomia, isto é, uma liberdade como fundamento de suas próprias normas e leis. A evolução dessa concepção para um ideal de liberdade como uma liberdade sem regras é que vai gerar, no seio da sociedade moderna, um grande mal-estar e essa onda de niilismo a que estamos assistindo.

O que aconteceu nesses séculos é que a ideia de sujeito se reduziu à ideia de indivíduo, fechando ao sujeito a dimensão da transcendência e aniquilando a ideia de intersubjetividade como base da estruturação do humano. Está, aqui, uma das raízes da crise da contemporaneidade, pois se por meio do individualismo celebramos uma grande conquista em relação à tradição, por outro lado, com a radicalização dessa ideia, com a objetivação do outro, entramos num beco sem saída. Para Taylor, esse mal-estar aparece nas inquietudes do sujeito moderno por meio de uma sociedade permissiva, ou do que, hoje, se chama a geração narcísica[12].

[11] Idem, ibidem, p. 60.

[12] TAYLOR, 1992, p. 12.

1.3. *A crise na modernidade*

Essa nova maneira de pensar e de ser gerou uma nova organização da vida, modificando profundamente o universo simbólico da civilização ocidental. "Os tempos atuais, isto é, a modernidade pós-cristã, irá refazer de modo profundo e mesmo radical o modelo das relações até então vigentes entre filosofia e religião"[13]. Esse novo universo simbólico irá "[...] abolir a estrutura onto-teológica (em sua significação literal, on = ser; theos = deus), substituindo-a por outra estrutura que convém designar por onto-antropológica"[14]. Esse novo modelo vai colocar em xeque os fundamentos da civilização ocidental, pois agora o homem passa a organizar as razões que dominaram a sociedade ocidental. Essa inversão de sentido irá gerar uma crise sem precedentes, pois essa crise atinge os fundamentos da civilização. Agora é o homem, como sujeito, que passa a ocupar o centro do universo inteligível. "Essa inversão de dignidade, ou inversão propriamente axiológica dos centros de referência da situação do homem no mundo significa, de fato, uma das mais profundas transformações do seu universo simbólico que o homem ocidental terá conhecido"[15]. Essa crise deslocará o lugar da religião na vida humana. Se, antes, nosso viver era fundado na religião, hoje todas as diretivas da vida serão baseadas na razão humana. Essa crise explicita a perda da dimensão de transcendência da vida. Se agora tudo está baseado na vontade humana, se instaura o processo de imanentização do fundamento

[13] VAZ, 2002, p. 235.

[14] Idem, ibidem, p. 235-236.

[15] Idem, ibidem, p. 239.

transcendental da vida. Tudo se justifica, agora, do interior do homem, da sua razão e vontade.

Entretanto, essa crise dos fundamentos da civilização ocidental se manifestará em várias dimensões da vida humana. A compreensão das diversas manifestações da crise revela, portanto, as várias faces da crise dos fundamentos.

Assim, a crise do sentido aparecerá como o primeiro desdobramento da afirmação de que tudo deve ser construído não mais a partir de uma realidade superior ao homem, mas será o próprio homem o responsável de explicitar suas razões de viver. Ora, a dificuldade se manifestará na perspectiva de enfrentarmos razões frágeis para justificar o sentido de nossas vidas.

Uma segunda face da crise que se abate na modernidade se manifestará na cultura, pois com o advento da razão instrumental assistiremos um questionamento sobre os fins da vida humana, cuja ausência instaura atitudes como o consumo, como a grande realização da vida, inverterá a equação entre os meios e os fins da vida. Uma terceira face da crise ainda pode ser vista na crise ética, a qual coloca em xeque os valores defendidos pela tradição como os pilares do entendimento humano. A Igreja, o Estado e a família perdem a referência no caminhar existencial. Hoje, novos valores — o prazer, o ser feliz sem o outro — orientam nossas ações e relações humanas.

A crise do sentido é a crise que se insere nas razões do viver. Por isso, ela é dita como crise existencial, pois nela "[...] o sentido abandona o campo neutro da acepção lógico-linguística para penetrar no terreno da existência do sujeito, essencialmente orientada para os fins que ele se propõe ou para os quais é naturalmente movido"[16]. A grande questão,

[16] VAZ, 2002, p. 154.

agora, é como equacionar as razões do viver e a partir de que referências. É o que veremos na terceira parte de nossa reflexão. Aqui estão em jogo as verdades que devem sustentar a vida humana e a crise se configurará na medida em que cada sentido particular não tem mais uma referência única como na Antiguidade (Deus) e provocará uma pluralidade de orientações de vida, de sentidos independentes. Cada ser humano cria o seu sentido, pois é o homem o seu fabricante.

É nesse terreno, minado pelas mais diversas orientações do viver sem uma referência objetiva, que prolifera o não sem-sentido, a falta de uma orientação para o viver. Assim, usamos o termo niilismo para evocar, na contemporaneidade, a falta de sentido, a falta de rumo no viver. "Niilismo significa, concretamente, que 'a vida perdeu a graça', 'viver não vale a pena'. A existência seria globalmente absurda"[17]. Assistimos a tal fenômeno espantados e estupefatos diante do número alarmante de suicídios, principalmente entre jovens de 18 a 24 anos, na sociedade ocidental, sendo a violência gratuita uma das manifestações mais nefastas do não-sentido. Lima Vaz explicita:

> A violência e a morte deixam de ser um simples fato bioantropológico e elevam-se como emblemas de uma civilização que ousou reivindicar para o sujeito situado e finito a responsabilidade propriamente infinita de suportar todo o universo humano do sentido, ou seja, de constituir-se em fundamento último dessa verdade de ser que o sentido deve fazer brilhar para o homem[18].

[17] BOFF, Clodovis. *O livro do sentido*: crise e busca de sentido hoje (parte crítico-analítica). Vol. I. São Paulo: Paulus, 2014, p. 67.

[18] VAZ, 2002, p. 174.

O sentido: uma questão antropológico-existencial

A vida do homem é diferente da vida do animal. Enquanto o animal responde de forma irrefletida aos desafios que o seu viver lhe impõe, o homem é o único animal que sabe do seu viver. Tem consciência do seu existir e, também, por isso tem um grande desafio: construir o seu existir. A grande tarefa da vida humana é dar um significado para suas ações, estruturar um modo de vida que pode ser o mais variado possível. Assim, viver, para o ser humano, não é estabelecido como um conjunto de respostas automáticas aos obstáculos no seu caminhar, o homem precisa construir de forma pessoal a sua trajetória nesse mundo.

O animal simplesmente vive, o homem, por saber que vive, tem o desafio de significar no tempo a sua trajetória. Assim, a existência humana tem desafios próprios como: tenho consciência que um dia vou morrer e, por isso mesmo, preciso entender o que é o morrer. Essa experiência me faz perceber a dimensão do tempo, que sou um ser temporal e, por isso mesmo, ao compreender a minha linha no tempo, tomo consciência que sou um ser histórico, que escrevo a minha trajetória.

Assim, a minha existência terá algumas peculiaridades. Percebo, também, que não posso viver fora de uma comunidade humana. Para me tornar humano, necessito estar mergulhado num contexto específico. A construção da minha história será sempre dentro de uma comunidade, isto é, a partir das relações humanas que vivo no meu dia a dia.

Outro aspecto do meu viver é que essa caminhada não é pré-determinada como nos animais, que respondem sempre da mesma maneira aos obstáculos da vida. Eu, como um ser humano histórico, devo, a partir de decisões pessoais, elaborar uma direção para o meu viver. A esse desafio damos o nome de "dar um sentido à vida", ou "viver com sentido". Cada ser humano precisa imprimir uma direção, um significado no seu viver. O sentido da vida é uma questão estrutural do ser humano. Cada um de nós é chamado a dar um rumo à vida. O grande impasse é quando não tomamos a vida nas mãos, isto é, não temos consciência do nosso viver e o contexto familiar ou social assume a tarefa de dar o significado do nosso viver. Isso quer dizer que, de uma forma ou outra, ninguém vive sem sentido e sem que a vida tenha uma direção, um rumo.

O ser humano não dispõe de uma capacidade instintual capaz de orientá-lo de forma segura na vida e, por isso mesmo, vive com uma carência de orientação. Ao contrário do instinto, que fixa comportamentos determinados, o homem tem que construir a orientação do seu viver. Daí dizermos que o sentido é a questão mais importante da vida humana. A vida, na sua característica fundamental, tem um "telos", uma direção, isto é, ela não é caótica. Para a vida animal, essa diretividade é dada pelo instinto e, ao contrário, o homem tem que construir um mundo próprio, tem que explicitar dentro de uma comunidade a forma de viver o seu "telos". Estamos chamados a explicitar a finalidade de nossa vida. Assim, o ser humano deverá buscar razões tanto para o seu viver como para o seu morrer.

Mas, afinal, o que é o sentido da vida e como ele se estrutura? Essa questão é desafiadora e muitas vezes é respondida de forma inconsciente. Ninguém deixa de enfrentá-la.

O primeiro ponto a ser encarado é: quais os elementos que compõem a ideia de sentido?

Em primeiro lugar, sentido nos remete à ideia de direção: "O sentido da vida é como o 'sentido' de uma rua, de um curso de um rio, da trajetória de uma flecha, das pegadas de um animal. Vale como direção, orientação ou rumo que se imprime à vida"[19]. A direção não significa que esta seja reta como uma seta. Ela tem mais as características do curso do rio, onde ele corre entre montanhas e vales de forma irregular. A vida humana também tem uma direção que, às vezes, é clara e outras vezes não se tem tanta lucidez sobre a direção do existir.

O segundo elemento do sentido é que essa direção não é cega. Ela "[...] tem um 'para', um objeto ou um objetivo qualquer. Surge, assim, a ideia de fim (finalidade, propósito, intenção, escopo etc.). Fim é o alvo para a seta, o porto para o navio ou o destino para o viajante"[20]. Assim, o fim define a finalidade do sentido. Podemos dizer que a finalidade do rio é desaguar no oceano. A finalidade do rio é que um dia ele termine no oceano, mesmo que ao longo do seu caminho ele vá adquirindo novos participantes, que são os seus afluentes. Para o homem surge a pergunta: para que viver? Qual o sentido da vida? Como construí-lo? Como dizia Clodovis Boff, o fim "é" o sentido da vida, porque "dá" sentido[21]. O desafio maior será de como construir esse sentido.

A terceira ideia que a palavra sentido desperta é a ideia de valor. Quando me dedico a alguma coisa na vida é porque a coisa que me atrai tem um valor. Por exemplo, quando escolho a profissão que quero seguir, isso significa que ela tem um valor para mim. Se escolho ser advogado ou mecânico é porque essas atividades têm uma importância e um significado na minha existência. No fundo, estou dizendo que, ao dedicar uma grande parte de minha vida a

[19] BOFF, Clodovis. *O livro do sentido*: qual é afinal o sentido da vida? (parte teórico-construtiva). Vol. II. São Paulo: Editora Paulus BOFF, Clodovis. *O livro*, 2019, p. 12.

[20] Idem, ibidem, p. 13.

[21] Idem, ibidem.

ser advogado ou mecânico, estou afirmando que vale a pena viver praticando uma dessas profissões. Se essas atividades dão orientações ao meu viver, isso significa que a vida vale a pena de ser vivida. A vida tem um valor. O sentido se manifesta no valor que dou a uma atividade. Aqui, talvez, possamos entender a posição de Viktor Frankl quando diz que o sentido é construído por meio dos valores vivenciais, criativos ou atitudinais. Também, entregar-se a uma causa significa que vida tem um valor.

A quarta ideia destacada por Clodovis Boff é a questão da inteligibilidade do sentido[22]. Isso quer dizer que, no momento que a vida tem um fim, essa vida se torna inteligível, ela é compreendida. O significado que coloco na orientação do meu viver "explica" o meu viver, a vida torna-se compreensível. A grande questão é que nem sempre o sentido está explícito e claro. Muitas vezes, ele está oculto e misterioso. Acontece que muitas pessoas vivem o sentido que foi colocado pelo outro, pela comunidade na qual está inserida e não foi construído a partir de suas opções conscientes. A razão do nosso viver se manifesta no sentido que damos a nossa vida.

De todos os quatro elementos apontados, é a finalidade do viver que tem o peso maior na constituição do sentido. Como o rio que corre para o mar (esta é a sua finalidade), a vida humana tem uma finalidade. A ideia de finalidade resume em si as outras três ideias explicitadas acima. Como diz Clodovis Boff:

- O "fim" é o "bem" que se busca, é o "valor" que importa e atrai. Pode ser designado por outros nomes, tais como: causa, ideal, paixão, objetivo, propósito, intenção, projeto.

[22] Idem, ibidem.

- O "fim" dá "sentido", direção, rumo, orientação às coisas. Por outras, dá finalização, ordenação, destinação, movimento, foco, centro de convergência. Tal é o efeito objetivo, direto e principal do fim.
- O "fim" dá também, e colateralmente, tudo mais: razão ou inteligibilidade (é como luz ou sol), motivação e esperança (é como mola ou motor), sabor ou gosto de viver (é como sal), animação e vida (é como alma), alegria, plenitude ou satisfação do coração (é como sorriso), encanto ou fascínio (é como vinho), unificação e harmonia da vida (é como mandala), segurança e tranquilidade (é como âncora ou rocha)[23].

Quando dizemos "vida sem sentido", significa que a forma de como estou levando a vida não foi construída por mim. Ela foi imposta de fora e não corresponde ao meu ser íntimo, ao meu núcleo pessoal. Vivo algo como se fosse alguma coisa fora de mim. Isso é o que provoca o vazio. Minhas ações não correspondem ao meu ser mais profundo. A vida aparenta uma desorganização e aparece como absorvida. Assim, "vida sem sentido" pode ser entendida como uma vida cuja direção não foi construída por mim.

A vida, para ter sentido, necessita de uma direção que implica em uma finalidade, que revela um valor e que tem uma inteligibilidade. Viver esse processo é o grande desafio da existência humana diferentemente do animal que não necessita equacionar essa dimensão do viver.

A grande conquista da modernidade foi descobrir que o rumo da vida humana não é dado de fora do homem,

[23] Idem, ibidem, p. 15-16.

mas construído a partir da sua subjetividade. O homem é o sujeito da sua história, é ele que constrói a direção, a orientação, o rumo do seu existir. Essa é a primeira aproximação da questão do sentido da vida. Ele se expressa como ter uma direção, ter um caminho. O grande desafio será, portanto, de que maneira e a partir de que elementos serei capaz de dar uma direção à minha vida. No plano existencial podemos dizer que

> [...] ter um sentido na vida é ter uma direção de vida. Isso significa concretamente ter um caminho ético e espiritual. Assim, o sentido da vida consiste em ter uma regra de ação, uma conduta interior e exterior, um projeto fundamental de vida, uma posição de existência[24].

Existencialmente, preciso traçar uma direção ao meu existir. Como construo esse fio condutor ao meu viver?

A questão que agora surge é: como é viver com sentido? De que forma posso construir existencialmente uma vida com sentido? Como no meu dia a dia explicitar uma vida que tenha sentido?

A nossa vida é montada a partir das pequenas coisas, isso é, hoje, trabalho numa empresa, amanhã em outras; hoje vivo com uma pessoa, amanhã, a minha parceira é outra; hoje exerço a profissão de fisioterapeuta, amanhã de enfermeira, etc. A vida se estrutura a partir das escolhas e decisões que vou tomando ao longo da existência. Muitas vezes, hoje faço algo muito diferente do que fiz anos atrás. Parece uma incoerência. Entretanto, se olharmos com atenção, embora as ações apareçam como opostas, há algo mais profundo que une e dá coerência aos meus atos. Isso é o sentido.

[24] Idem, 2014, p. 24.

Dulce Critelli, uma professora da PUC-SP, em um texto publicado no jornal Folha de São Paulo, explicitou que o sentido é algo que não vemos, mas une os acontecimentos do nosso cotidiano. A imagem que ela usou para transmitir essa ideia foi a de um colar de pérola no pescoço de uma dama. Nós só vemos as pérolas. Não vemos o fio que une e sustenta as pérolas. Esse é o sentido, algo invisível que une os acontecimentos de nossa vida. Ele é algo invisível que dá legitimidade às nossas ações. A dificuldade é quando não temos esse fio unificador das nossas vivências. Elas ficam desordenadas, uma sem relação com a outra. Elas ficam sem sentido.

Alfried Längle, discípulo de Viktor Frankl e cofundador da Sociedade de Logoterapia e Análise Existencial, tem um livro intitulado *Viver com sentido*[25], no qual descreve algumas posições de vida, por meio das quais podemos explicitar a síntese da vida. Destacaremos, aqui, as que a nosso ver, servem para entender melhor a construção do fio condutor da vida: o sentido.

Längle explicita que o sentido não pode ser dado, imposto. Os pais não podem imprimir na vida de seus filhos o sentido. Ele deve ser reconhecido e encontrado[26]. Entendemos que o significado de encontrado é de ser construído por cada um de nós. Vamos descobrir na sociedade valores e desejar esses valores. Vou assumir por minha livre iniciativa o valor descoberto. "O sentido, porém, não é coação. O sentido verdadeiro nunca significa 'tu deve'. O sentido é fruto de liberdade. Não posso ser forçado para que veja o sentido de algo"[27]. A

[25] LÄNGLE, Alfried. *Viver com sentido*. Petrópolis: Vozes; São Leopoldo: Editora Sinodal, 1992.

[26] Idem, ibidem, p. 39.

[27] Idem, ibidem, p. 40.

direção da nossa vida não pode ser imposta de dentro para fora, mas deve brotar do meu mais profundo ser, do meu núcleo pessoal. Essa é, às vezes, a grande dificuldade de alguns pais que forçam os filhos a seguirem suas carreiras. Por exemplo, um pai que é juiz quer que o seu filho faça Direito para um dia pensar na carreira jurídica. A profissão de advogado só terá sentido se brotar como uma manifestação do eu profundo.

O sentido também se manifesta por meio de atração que algo nos mobiliza, "[...] nos fascina, nos causa surpresa e admiração"[28]. Cada um de nós é atraído por alguma coisa na vida. Tem gente que se fascina de entrar em contato com a natureza, contemplar uma cachoeira; outros ficam maravilhados com as obras de arte construídas pelas civilizações mais antigas. Esse estar conectado à natureza pode determinar o rumo de minha vida, influenciar na escolha da minha profissão como, por exemplo, ser uma bióloga para trabalhar e viver em contato com a natureza. Tenho que estar aberto a escutar os anseios mais profundos da minha alma.

A construção do sentido é sempre um desafio, pois o objeto que concretiza o meu sentido pode mudar com o tempo. Posso mudar de profissão, posso mudar de interesse pelas coisas da vida. Längle afirma: "O sentido muda de acordo com a modificação da situação"[29]. Diríamos que não é o sentido que muda, mas a concretização da vivência do sentido. É como o fio do colar que pode sustentar pérolas brancas e, em outras circunstâncias, pérolas negras. A vivência do dia a dia manifesta a razão do ato. O que ilumina o estar junto com alguém é o sentido. Cada situação nos desafia a descobrirmos a razão dessa ação, a justificativa da

[28] Idem, ibidem.

[29] Idem, ibidem.

posição que tomamos. Ajudo alguém por interesse próprio (vaidade) ou ajudo alguém para o bem da pessoa (amor)?

"O sentido não é produto do raciocínio"[30]. Essa é uma posição polêmica. A razão nos ajuda a entender o que justifica nossa ação, o que ilumina a nossa ação. Entretanto, o sentido deve brotar do mais profundo de mim mesmo, de um olhar para a própria singularidade onde me pergunto: o que mais me realiza na vida? O que mais expressa o meu interior? Encontrar o sentido é algo próprio do homem, que o animal não possui. Ele brota do núcleo pessoal. Preciso ter tempo e serenidade para escutar o meu interior e daí descobrir e construir o sentido de minha vida. "A chave para o sentido é a abertura do homem, consiste em voltar-se para a vida"[31]. Aqui, vida deve ser entendida não como o viver cotidiano, mas como o explicitar do ser profundo. Só dando atenção ao ser pessoal é que consigo construir um sentido que será capaz de me levar à plenitude do viver.

O fato de ter um sentido na vida não significa que tenho a garantia de uma vida em plenitude. Algumas direções de vida podem me levar à autodestruição. Como veremos a seguir, existem algumas posições que nos fecham sobre nós mesmos, provocando um adoecimento. A dimensão de abertura, característica fundamental do existir, deve sempre estar presente nas ações que pratico ao longo da minha caminhada.

A vivência do sentido hoje

Estamos mergulhados em uma sociedade cada vez mais globalizada e complexa, que a todo momento, de forma

[30] Idem, ibidem, p. 46.

[31] Idem, ibidem, p. 49.

inconsciente e subliminar, nos "diz" o que é necessário para a nossa realização plena. A dinâmica social impõe uma direção para as nossas vidas. Muitos não têm percepção dessa armadilha e embarcam no que lhes é "proposto" de forma inconsciente. Ter consciência desse processo e transformá-lo já é o primeiro passo na direção da construção do sentido. Ter consciência das imposições sociais e conjunturais no nosso viver já é um grande passo na direção de entender e reorientar a nossa vida.

Outra observação sobre o sentido, como foi colocado anteriormente, é que ele não é produto do raciocínio, mas deve brotar de algo mais profundo do ser humano, isto é, do contato com a especificidade própria de cada um: o seu núcleo pessoal. A razão nos ajuda enquanto sou capaz de me perguntar se a escolha que fiz é algo que tem a ver com a minha singularidade, se a escolha da minha profissão corresponde a uma decisão que brota do mais profundo do meu ser.

Um critério simples para entendermos como uma opção brota do interior do meu ser ou não é observarmos a resposta sobre o motivo que está subjacente à opção. Por exemplo, se dirigirmos a seguinte pergunta a um estudante recém ingressado na faculdade "O que lhe motivou fazer a opção pelo curso de psicologia?" poderemos ter duas orientações diferentes. A primeira responde: "estava na dúvida entre psicologia e fisioterapia e acabei 'escolhendo' fazer psicologia". A segunda diz: "'decidi' fazer psicologia porque desde pequeno sonhava em cursar psicologia". Na primeira resposta podemos dizer que a opção foi baseada mais no emocional, daí o utilizo da palavra "escolher". A segunda opção foi baseada num sonho desde a infância, baseado num projeto maior de vida. Dessa forma, usou-se a palavra "decidir". Essa opção carrega no seu bojo um projeto existencial, uma orientação que brota do mais profundo do seu ser.

Normalmente, quando usamos o verbo "decidir" ele reflete algo mais profundo, enquanto o verbo "escolher" explicita algo mais superficial. Na vida quotidiana, quando faço a opção do casamento, digo sempre "decidi casar", e não "escolhi casar". Também, quando a opção implica algo mais complexo e reflete direções existenciais, digo "decidi ter um filho" e não "escolhi ter um filho".

Essa pequena observação sobre o dinamismo da vida nos abre os olhos para o problema das motivações. Constatamos que existem motivações mais superficiais baseadas no emocional, que também devem ser levadas em consideração na vida, e motivações que brotam de camadas mais profundas da existência humana. Não cabe, aqui, agora explicitar as motivações fundantes da existência, mas, somente, destacar sua existência.

A grande dificuldade da nossa sociedade está em como nos ajudar a equacionar o problema do sentido. Como o sentido não é mais colocado para a pessoa, como nas sociedades antigas, temos, hoje, que construir o sentido. O desafio está no fato de que construo o sentido baseado em pequenas escolhas e não em decisões mais significativas. Vivemos na superfície da vida. Daí que o sentido é construído por opções mais superficiais que não são capazes de sustentar a direção de uma existência. Esse é um dos grandes dilemas do mundo atual.

A nossa interpretação das formas de como o sentido é vivido na contemporaneidade se inspira no filósofo dinamarquês Soren Kierkegaard (1813-1855), quando ele fala sobre as três etapas do caminho da existência: o estético, o ético e o religioso. No pensamento do filósofo, essas etapas do caminho da vida são a expressão de três maneiras básicas do existir, de estilos de vida. No nosso entender elas expressam três formas de se elaborar o sentido da vida que são próprias da contemporaneidade.

Como o ser humano é um ser complexo, isto é, estrutura-se a partir de várias dimensões — a corpórea, a psíquica e a espiritual — a questão do sentido pode buscar suas motivações em qualquer uma dessas dimensões. Isto quer dizer que as motivações humanas podem brotar de uma ou mais dimensões do existir. Assim, as motivações corporais têm conotações diferentes das psíquicas ou espirituais. Elas podem expressar maneiras diferentes de posicionar na vida e, consequentemente, formas de viver diferentes.

3.1. A forma de viver hedonista

A primeira forma de viver da contemporaneidade é aquela em que o sentido da vida é construído a partir das motivações corpóreas e psíquicas. Essa forma de viver é a resposta à questão do sentido feita a partir das motivações corpóreas, por exemplo, a busca do prazer, ou a atração pelas coisas exteriores da pessoa, por exemplo, os objetos de consumo.

Aqui, a vida humana é movida somente a partir da "sensação" que é provocada por um estímulo sensível, o motor da vida é o prazer sensível. Não estamos dizendo que o prazer não é importante na vida. Ninguém vive sem prazer. O que caracteriza o hedonismo é a busca simplesmente do prazer. O lema da vida é estruturado como a busca ilimitada de possuir tudo o que possa causar prazer e tem, como contrapartida, evitar o desprazer, isto é, tudo aquilo que pode ser sentido como desagradável.

A sociedade contemporânea, que tem como uma de suas características principais ser uma sociedade do consumo, contribui de forma avassaladora para que o viver seja estruturado a partir do consumo. A realização da vida e, como consequência, a felicidade, está em consumir cada vez mais. O prazer de comprar e de possuir os objetos desejáveis é o motor do viver. Esse tipo de postura afirma, de forma inconsciente, que o que tem valor é o que lhe dá prazer.

Também essa sociedade busca incentivar os jovens para os momentos de descontração ao máximo. Viver nas "baladas" é o que nos faz esquecer os momentos duros da vida. Esqueçamos as dificuldades e mergulhemos nas vibrações corporais. Buscar o prazer de forma intensa nos ajuda a aguentar as dificuldades e sofrimentos do dia a dia. O objetivo da vida é a sensação de prazer.

Essas duas observações mostram de forma incontestável como a sociedade atual fez do prazer um ideal de civilização. O nome que Clodovis Boff dá a esse tipo de hedonismo é sensual-materialismo, porque apela para o consumo e a vivência das sensações corpóreas: "A compra a crédito, cada vez mais expandida e permitindo não mais diferir a satisfação do desejo, representa um estímulo particular para a não frustação das pulsões sensíveis"[32].

Ora esse tipo de impulso levado ao extremo faz com que as pessoas tenham orientação da vida e, como consequência, o sentido da vida, a fruição, pois, hoje, a busca do prazer é mais refinada. "Graças às técnicas do design, a mercadoria torna-se um fetiche mais sedutor. O corpo ganha mais erotismo em virtude dos mais variados meios de estetização"[33].

[32] BOFF, 2014, p. 527.

[33] Idem, ibidem, p. 528.

Dessa forma o sentido é vivido e estruturado a partir dos cinco sentidos e a tirania do prazer torna-se a norma do viver[34]. Aqui, o prazer é assumido como o valor supremo.

Encontramos, também, pessoas que não vivem esses aspectos do prazer, mas estão mergulhados nos valores materiais. Como exemplo, a pessoa que só pensa em ganhar dinheiro, em acumular riqueza. Muitas vezes, essa pessoa explora o trabalho do outro para aumentar o seu capital. Ela, também, está vivendo a partir do materialismo. Como ela explora o outro, não há o mínimo espaço para a aceitação do outro.

Esse tipo de sociedade, que estrutura o sentido a partir do prazer e do cultivo das coisas materiais, é uma sociedade egocêntrica. As pessoas vivem num egocentrismo possessivo. A afirmação do eu está baseada na vivência da autossatisfação.

> Na verdade, o valor supremo para quem está assim condicionado não é propriamente o prazer, ou qualquer outro bem, mas ele próprio. Seu único interesse é a satisfação pessoal. Ele se considera como o centro do mundo que gira em torno dele. O outro é apenas oportunidade de distração[35].

O centramento da vida nesses valores mais superficiais leva a pessoa a viver o sentido da vida como a sofreguidão das sensações. Gostaríamos de observar que o uso das drogas e sua dependência são vistos não como sentido de vida, mas

[34] GUILLEBAND, Jean Claude. *A tirania do prazer*. Rio de Janeiro: Bertrand Brasil, 1999.

[35] MAC DOWELL, João Augusto. *Dinâmica da construção da personalidade*. Aula de 16/8/2016 proferida em curso dado no Centro Loyola de Espiritualidade, Fé e Cultura, p. 4. (Texto de circulação restrita).

como a tentativa desesperada de ocultar o não-sentido, pois, para Kierkegaard, o não preenchimento da vida por meio das sensações desperta no ser humano a busca de um estágio mais profundo. Vemos o uso das drogas como a tentativa de fugir de um sentido imposto, às vezes pelos familiares, outras vezes pela sociedade.

3.2. O sentido a partir dos valores éticos

A segunda forma de organização do sentido na contemporaneidade é aquela que se estrutura a partir dos valores ético-religiosos. O homem, agora, procura desviar o olhar de si mesmo e buscar algo que o mobilize de uma forma mais profunda. Aqui, no nível ético, a vida será guiada a partir dos valores superiores, isto é, por aqueles que brotam da razão e não mais das sensações. Nesse estágio, quando a pessoa coloca a justiça e a honestidade como faróis de sua existência, ela supera o nível do impulso e se deixa guiar pelo nível das virtudes.

O sentido da vida passa a ser estruturado por valores universais, que valem no interior de qualquer sociedade. Não cabe, aqui, analisarmos o que faz o homem emergir do seu imediatismo sensível para uma forma superior de existência. É a partir da vivência pessoal da insuficiência das satisfações imediatas é que surge o imperativo de uma ordem mais profunda.

Assistimos a esse projeto individual também no plano global. Destacamos que a sociedade contemporânea tem como características específicas o consumo e a tirania do prazer. Essa é uma afirmação sem precedentes da ideologia individualista que começou a ganhar força com o surgimento da modernidade. Entretanto, assistimos que esse tipo de comportamento não está levando o homem a viver uma vida em plenitude. Pelo contrário, a insatisfação desse tipo de orientação de vida tem provocado o surgimento de novas forças capazes de apontar uma nova direção à sociedade. É o caso da valorização da ética nos vários domínios da sociedade. Ética na política. Ética na economia. O grito por uma sociedade mais justa e igual diante de tanta desigualdade.

Assim, o estágio ético, anunciado por Kierkegaard, torna-se uma exigência do desenvolvimento da sociedade. Essa etapa repercute no âmbito individual quando o sentido da vida passa a ser construído a partir dos valores éticos e morais.

Esse novo nível, diferente do anterior, estruturado no impulso espontâneo, agora é estruturado na liberdade. Em níveis globais, assistimos todo o movimento da luta pelos direitos humanos como o passo necessário para uma sociedade mais justa. No nível pessoal, a reflexão do homem coloca ideais de justiça, honestidade, respeito pelo outro, solidariedade como direção de vida. Agora, é a libertação do apego aos bens particulares que servirão de norma diretiva do comportamento humano.

O "[...] elemento determinante do estágio ético é a adesão ao dever, à obediência às regras e normas do comportamento, superando a arbitrariedade dos desejos"[36]. O autor também alerta para a importância de como se deve viver o dever. Não é algo que me submeto de forma automática ao valor de ser honesto ou justo, mas o "dever verdadeiro consiste na fidelidade a si mesmo, no seu eu profundo, aberto para a universalidade da verdade e do bem"[37]. Agora o querer ser justo ou honesto é o que dá sentido à vida. Aqui, a pessoa

[36] Idem, ibidem, p. 5.

[37] Idem, ibidem.

se compreende a partir de sua racionalidade. É a dimensão do espírito que possui mais força que a dimensão corpórea e psíquica. É significativo notar que o ético, fruto da dimensão espiritual, não anula a dimensão hedonista, mas reorganiza os impulsos da paixão que são necessários para a vida ética.

O sentido a partir dos valores éticos reorganiza a vida humana, mas isso não significa que ao aderir positivamente a um valor ético a pessoa esteja aceitando o sentido último da existência, outra etapa do caminho humano. Também, não podemos correr o risco de um fundamentalismo.

3.3. O sentido de vida a partir da transcendência

O terceiro caminho de como a contemporaneidade responde ao problema do sentido é proporcionando um espaço para que o homem viva a sua abertura à transcendência. Kierkegaard vai denominar este estágio de religioso, pois as religiões são as instituições que, por excelência, abrem a via de acesso ao transcendente. É interessante notar a volta das religiões nos tempos atuais. Têm ganhado muita força as renovações religiosas e, também, assistimos a uma aceitação por parte da medicina da importância da espiritualidade/religiosidade no processo de enfrentamento das doenças.

Entretanto, nossa concepção de transcendência não se restringe à dimensão religiosa, mas tem uma conotação antropológica. Designa

> [...] o movimento intencional aparentemente incoercível com o qual o homem transgride, sob formas diversas, os limites de sua situação no mundo e na história e lança-se na direção de uma suposta realidade transmundana e trans-histórica, na qual se descobre como cimo ou coroa de todo o sistema simbólico, capaz de unificar as

> razões com as quais os indivíduos e as sociedades procuram dar um sentido ao seu estar no espaço e no tempo[38].

Dessa forma, o termo transcendência exprime uma das dimensões da estrutura relacional do ser humano. Ele exprime o movimento de abertura do homem a alguma realidade maior do que ele mesmo. É essa estrutura que permite o homem sair de si mesmo e se abrir ao mundo externo (sociedade) ao outro (o seu semelhante) e ao absoluto (aceitação de um ser superior). Esse movimento de transcendência próprio da estrutura antropológica nos abre para um sentido transcendente à vida.

Hoje, assistimos a um renascer das religiões, pois é próprio de qualquer religião ajudar o homem a enfrentar e equacionar o sentido da vida, como uma forma de combater o vazio que se instaura na modernidade decorrente do movimento de fechamento do homem em si mesmo, com o cultivo do primeiro estágio da vida como sendo o caminho para a realização humana.

Nesse novo estágio, a experiência fundamental é a experiência do amor. Amor não como sentimento, mas como a comunhão com o outro, com o fato de se importar com o outro, com o diferente de si mesmo. Aqui, vive-se a abertura ao outro e a existência humana ultrapassa o fechamento sobre si mesmo. Preocupar-se com o outro por meio da "atitude amorosa" (como a mãe que é capaz de doar a própria vida pela do seu filho) implica uma mudança mais radical do que a atitude implicada no segundo estágio analisado acima. Aqui, "[...] passa-se do voltar sob si mesmo ao voltar-se para

[38] VAZ, 2002, p. 194.

o outro. O Amor implica uma nova conversão, mais radical que a conversão ética"[39].

A conversão do amor é mais radical porque no estágio ético, ao aderir ao dever moral, o homem faz uma adesão a um ideal que é o seu próprio bem. Mesmo superando os limites e condicionamentos das forças corpóreas e psíquicas, no estágio ético, o homem permanece no autocentramento, pois o ideal dos valores éticos é vivido como uma autorrealização. O bem moral é visado como um dever e não como uma doação, que significa um sair de si mesmo. Aqui, na atitude amorosa, eu quero o bem dele não como uma realização minha, mas como algo que é bom para o outro. O exemplo dessa atitude é a postura da mãe com o seu bebê, a qual é capaz dos maiores sacrifícios para proporcionar ao recém-nascido todas as condições para o desenvolvimento daquele ser que acabou de surgir num mundo extremamente ameaçador. A abertura ao outro, aqui, é vivenciada não como dever, mas como gratidão.

Se nesse estágio vivemos a abertura para o outro ser humano por meio de experiência do amor, essa experiência nos potencializa para uma abertura ainda mais radical, que é o abrir-se para o outro transcendente, que costumamos nomear de Deus.

Considerações finais

Viver com sentido na contemporaneidade é um grande desafio, pois a forma como a sociedade se organiza não ajuda o homem a atingir o seu nível mais profundo do viver.

Assistimos a dois movimentos antagônicos na sociedade atual. O primeiro aposta certo, de forma disfarçada, que a

[39] MAC DOWELL, 2016, p. 8.

realização humana está ligada ao atendimento das sensações corpóreas e psíquicas. Por exemplo, a vida tem sentido no momento em que se estimula que a busca da felicidade está no consumo e na fruição. O segundo movimento é o da descrença de que a vida perde o seu valor. Tudo caminha para o nada. A vida em si é um absurdo. É a vivência do niilismo. As realidades cotidianas não nos mobilizam. É o surgimento do sentimento do vazio. É a sensação de se viver sem horizonte de sentido.

O homem é um ser de sentido. Se não construirmos um sentido para nossa vida, ela aparecerá vazia e o sem sentido tomará conta da nossa existência. Assim, o grande desafio é criar uma sociedade que nos ajude a entrar em contato com o mais profundo de nós mesmos. Hoje, vivemos num mundo da superficialidade, num mundo que valoriza o primeiro estágio da nossa vida. Uma sociedade do TER, e não do SER.

Referências

AUBERT, Nicole. *L'individu hypermoderne*. Toulouse: Éditions Érès, 2004.

BOFF, Clodovis. *O livro do sentido*: crise e busca de sentido hoje (parte crítico-analítica). Vol. I. São Paulo: Paulus, 2014.

BOFF, Clodovis. *O livro do sentido*: qual é afinal o sentido da vida? (parte teórico-construtiva). Vol. II. São Paulo: Editora Paulus, 2019.

GIOVANETTI, José Paulo. A existência e suas patologias no mundo hipermoderno. In: ROMERO, Emílio; RIBEIRO, Wânier (orgs.). *Vulnerabilidade humana e conflitos sociais*. São José dos Campos: Della Dídia Editora, 2009.

GUILLEBAND, Jean Claude. *A tirania do prazer*. Rio de Janeiro: Bertrand Brasil, 1999.

HAROCHE, Claudine. Manières d'être, manières de sentir de l'individu hypermoderne. In: AUBERT, Nicole. *L'individu hypermoderne.* Toulouse: Éditions Érès, 2004.

LÄNGLE, Alfried. *Viver com sentido.* Petrópolis: Vozes; São Leopoldo: Editora Sinodal, 1992.

VAZ, Henrique Cláudio de Lima. *Escritos de Filosofia III*: Filosofia e Cultura. 2. ed. São Paulo: Edições Loyola, 2002

MAC DOWELL, João Augusto. *Dinâmica da construção da personalidade.* Aula de 16/8/2016 proferida em curso dado no Centro Loyola de Espiritualidade, Fé e Cultura, p. 4. (Texto de circulação restrita)

RENAUT, Alain. *O indivíduo*: reflexão acerca da filosofia do sujeito. Rio de Janeiro: Difel, 1998, p. 10.

TAYLOR, Charles. *Le malaisé de la modernité.* Toronto: Éditions Bellarmin, 1992.

2

Autenticidade e Distanciamento Social nos tempos de Pandemia

Achilles Gonçalves Coelho Júnior

Nos primeiros meses do ano de 2020, fomos surpreendidos com a chegada, no Brasil, da pandemia do Covid-19, que provocou uma mudança na vida de todos nós. Um fenômeno que nos obrigou a revermos a maneira como estávamos vivendo nossas vidas, as formas de preservá-la, bem como rever as possibilidades e limites de continuarmos realizando os projetos e expectativas que estávamos assumindo.

Um ano depois, o índice de contágio é ainda mais alto, impondo a todos a necessidade de um distanciamento social, entre tantos outros impactos nos âmbitos da saúde pública, economia e política. Esses âmbitos não apenas foram impactados pela pandemia, mas assistimos o agravamento da própria pandemia por diversas circunstâncias sanitárias, econômicas e políticas que acabaram por aumentar a dramática situação. Contudo, mesmo diante de uma situação tão difícil vivida por nós, a restrição das possibilidades de ações e de escolhas não silenciou as exigências que carregávamos de felicidade e de realização pessoal, ao contrário, evidenciou aspectos que são centrais na existência e passaram a ser tematizados de diversas maneiras, ainda com mais atenção.

Como a Fenomenologia Clássica poderia contribuir para compreendermos o fenômeno de autenticidade nesse momento de distanciamento social provocado pela pandemia? O distanciamento social tem dificultado a experiência de autenticidade ou tem sido uma circunstância concreta que favorece a emergência da autenticidade e dos processos de subjetivação? Essas perguntas mobilizaram a apresentação da presente reflexão. Não partimos de uma pesquisa empírica fenomenológica, mas de um estudo bibliográfico, fundamentando-nos na Fenomenologia Clássica de Edith Stein e discutindo com aspectos da experiência que se apresentou a todos nós nesses últimos meses, sobretudo, na experiência da clínica psicológica.

Edith Stein, autora que fundamenta a discussão aqui presente, foi uma importante fenomenóloga, discípula e assistente de Edmund Husserl, que enfrentou diretamente o tema da fundamentação filosófica fenomenológica da psicologia em várias pesquisas, explicitando uma antropologia filosófica que disponibiliza vários aspectos que iluminam a compreensão do processo de subjetivação (Ales Bello, 2000). Os estudos sobre essa autora têm sido resgatados no Brasil, nas últimas décadas, por muitos pesquisadores da psicologia e filosofia, com uma especial menção à professora Angela Ales Bello, filósofa italiana, que tem se dedicado à formação e consolidação do pensamento steiniano junto a pesquisadores da psicologia em diversas partes de nosso país (Ales Bello, 2004; Savian-Filho, 2014; Mahfoud & Savian-Filho, 2017). Desde então, vários trabalhos têm sido realizados no âmbito de colher as contribuições para pesquisas empíricas e temas clínicos a partir dessa vertente (Mahfoud & Massimi, 2013; Mahfoud, 2019).

Fenomenologia e Autenticidade

Discutir a autenticidade diante do aqui-agora requer refletir sobre o momento de distanciamento social vivido pela sociedade. Não nos contentamos em esperar a pandemia de Covid-19 passar para voltarmos a buscar uma vida mais autêntica. Ao contrário, enfrentar a vida autenticamente, nessa situação pandêmica, com as dores que ela suscita, implica não fugir do que está acontecendo ou fingir que não está acontecendo algo tão difícil e que nos impacta. O atual momento que estamos vivenciando, com milhares de mortes causadas pelo Coronavírus, a perda de tantos entes queridos, a crise política e econômica que se agrava ao lado das desigualdades sociais, tudo isso compõe uma difícil situação a ser enfrentada por todos.

A noção de autenticidade está presente na literatura da psicologia, sobretudo naquela de fundamentação fenomenológica-existencial e humanista. Considerar o tema da autenticidade solicita ampliar o horizonte de reflexão, não nos detendo apenas nos momentos em que esse termo foi usado, mas acolhendo as diversas maneiras como os autores se aproximavam desse tipo de fenômeno. A título de exemplo, é interessante como Perls aborda esse aspecto considerando várias terminologias para designar o fenômeno da autenticidade. Na obra *Gestalt-terapia Explicada*, lemos:

> Autenticidade, maturidade, responsabilidade pelos próprios atos e pela própria vida, capacidade para responder e viver no agora, ter a criatividade do agora disponível, é tudo uma única e mesma coisa. Só no agora você está em contato com o que está acontecendo. Se o agora se torna doloroso, a maioria das pessoas está pronta para jogar fora o agora e evitar a situação de dor. A maioria das pessoas

> não consegue nem suportar a si própria (PERLS, 1969/1977, p. 80).

O trecho mostra como o tema da autenticidade entra em diálogo com a tradição da Gestalt-terapia e com vários de seus conceitos fundamentais como o contato, o *awareness*, aqui e agora, entre outros. Perls aponta que pensar autenticidade implica pensar a relação com o aqui-agora, a maneira como nos posicionamos diante do que está agora diante de cada um de nós. Assim, assumimos a possibilidade de enfrentar a questão sobre como viver autenticamente esse momento de pandemia e de distanciamento social.

O termo "autenticidade" aparece constantemente na literatura da clínica psicológica de fundamentação fenomenológica, existencial e humanista, ora se referindo a um tipo de atitude do profissional psicólogo que poderia facilitar a emergência de uma abertura do paciente a si mesmo, ao processo terapêutico e ao seu mundo-da-vida, ora aparecendo como um dos objetivos a serem perseguidos pelo processo terapêutico na direção de favorecer uma existência mais autêntica do paciente, na direção de ser si mesmo (BUGENTAL, 1965; ROGERS, 1977; YONTEF, 1998; YALOM, 1980; SPINELLI, 2007; VAN DEURZEN, 2012; FRANKL, 1946/2016).

O termo autenticidade é usado para designar certo estilo de vida, uma maneira de posicionamento na qual a expressão da pessoa é congruente com aquilo que ela vivencia em sua interioridade, remetendo ao problema da moral e da ética (RICOEUR, 1990/1995). Não se trata só de fazer escolhas, de poder fazer um caminho diante da realidade, mas de considerar que existe um certo tipo de escolha que nos realiza mais. De alguma forma, cada um pode reconhecer que uma determinada escolha está sendo mais correspondente ao coração do que outra. Somos capazes de reconhecer, nem sempre sem dificuldade, quando estamos sendo nós mesmos e quando estamos escolhendo apenas para corresponder às expectativas de outras pessoas, ou seja, qual critério estamos levando em conta em nossos posicionamentos pessoais. Isso não significa reduzir a compreensão da noção de autenticidade a uma mera atitude individualista, como também discute Charles Taylor (2011, 2013), mas requer pensar esse tema em um horizonte de uma ética da autenticidade.

Ser autêntico não é um processo de autoafirmação das próprias características diante de um outro, compreensão que poderia ser usada como justificativa louvável para comportamentos impulsivos ou agressivos que desconsiderariam os aspectos éticos e os valores que cada situação solicita reconhecer. Em pesquisa recente sobre o tema da autenticidade e corporeidade na obra de Stein, verificamos que as análises da vivência da empatia conduziram a autora a identificar dimensões constitutivas da pessoa, chegando a assinalar vários aspectos que lhes correspondem contribuindo para compreensão da noção de autenticidade (Coelho-Júnior, 2018; Coelho-Júnior & Barreira, 2018). Ao examinar o problema da empatia, objeto de pesquisa de seu doutorado, Stein (1917/1998) analisou como se dá o processo de conhecimento da vivência do outro e pontuando momentos estruturantes que compõe esse processo, de modo a descrever aspectos que favorecem o reconhecimento daquilo que é mais autêntico, mais original em cada pessoa. A corporeidade não é identificada apenas como um instrumento da vontade na execução de ações de um eu, mas ela mesma informa aqueles momentos em que estamos vivendo de maneira autêntica uma situação, sobre aquelas vivências que mobilizam o que é próprio de cada pessoa, informa sobre nossa pessoalidade (Stein, 1922/1999b; Coelho-Júnior, 2018).

Quando eu estou diante do outro, buscando conhecer a experiência que ele está fazendo, eu me dou conta de que ele tem um corpo e que esse corpo expressa uma vida interior. Ele faz escolhas e se posiciona, espontânea ou voluntariamente, diante do que se passa dentro da sua interioridade e diante de como vivencia os acontecimentos que compõe sua situação. Essa forma de posicionamento guarda aspectos que são mais estáveis, mais característicos de cada pessoa, designada por Stein — em consonância com a tradição da filosofia — como alma[1]. O que nos acontece em nossa vida não mobiliza apenas nossa corporeidade, não mobiliza apenas sensações ou emoções, mas mobiliza nossa alma (Stein, 1917/1998; 1922/1999b). Em algumas situações ou diante de algumas pessoas, somos marcados de maneira mais profunda, às vezes até em um aspecto central.

Ao identificar os matizes diversos da profundidade onde acolhemos os acontecimentos, podemos nos referir a um centro da alma, um núcleo da alma, discutido também por Stein (1917/1998; 1922/1999b) em várias de seus outros escritos investigativos. Esse núcleo da alma constitui um centro pessoal que confere unidade às nossas vivências e carrega o aspecto mais identitário e original de cada pessoa (Cury & Mahfoud, 2013). Trata-se de um aspecto originário que acompanha nossa experiência e sela com pessoalidade a maneira como acolhemos e respondemos às situações e aos valores que nela captamos. Esse núcleo pessoal disponibiliza também um critério de reconhecimento do que é

[1] O conceito de alma foi discutido em profundidade na publicação organizada por Mahfoud (2019), explicitando como a Psicologia pode acolher da descrição antropológico-filosófica steiniana um aprofundamento da compreensão da complexidade dos processos subjetivos, considerando rigorosamente os aspectos filosóficos e fenomenológicos desse conceito.

mais próprio em nossa experiência, podendo nos informar inclusive sobre os limites do que posso ou não ser. Existem certas disposições originárias que colocam limites diante daquilo que eu realmente posso ou não ser. Eu não posso ser qualquer coisa que eu quiser, assim como não posso me realizar vivendo de qualquer maneira (Coelho-Júnior & Barreira, 2018). Existem certas características pessoais e certas dinâmicas que eu posso conhecer e preciso respeitar em mim mesmo, para que eu viva de uma forma autêntica.

Se por um lado cada pessoa vive processos de mudanças pessoais ao longo de sua biografia, nem toda mudança, nem todo comportamento ou característica que desenvolve corresponde àquilo que ela realmente é. Isso significa que podemos vivenciar um processo de desenvolvimento de nossa personalidade passível de carregar um selo de autenticidade, de originalidade, ou podemos acabar assumindo características impróprias, que não se ancoram no centro pessoal. Isso acontece quando imitamos ou assumimos aspectos que não correspondem ao que somos, marcando de maneira inautêntica vários comportamentos ou vivências (Stein, 1922/1999b). Decerto, isso não significa assumir a autenticidade como um ideal que exclui as contradições pessoais e os vários tipos de tensão, mas a possibilidade de reconhecimento de quando estamos ou não sendo nós mesmos diante dos acontecimentos, a possibilidade de um reconhecimento de critérios que podem guiar nossos posicionamentos na direção da realização do que realmente somos e devemos ser.

Nessa perspectiva de uma descrição fenomenológica da estrutura da pessoa, vamos reconhecendo que a autenticidade implica um caminho pelo qual a pessoa vai se apropriando do que é universal do ser humano, vai reconhecendo quais possibilidades correspondem mais ou menos ao que ela é, o que inclui seus desejos, a sensibilidade em relação aos valores, a capacidade de elaborar os significados da própria experiência, a maneira de se comprometer com as decisões tomadas, entre outros processos. Cada pessoa vive em sua existência esse caminho de tornar-se si mesma, de se apropriar do que é humano, de atualizar o potencial universal e individual que traz em si.

O que eu faço com essas vivências que se apresentam com o meu corpo, com os meus sentimentos, com os desejos, com os impulsos? Qual o espaço que eu concedo para os valores que eu reconheço quando a vida acontece? Nesse sentido, a dimensão da corporeidade compõe toda essa dinâmica. O corpo constitui parte de todo esse processo, por meio dele recebemos os dados da realidade que se passa diante de nós (sensações) ou dentro de nós (emoções e sentimentos vitais), mas também por meio dele respondemos ao que captamos. Ele informa através de várias vivências o que estamos sendo, o que necessitamos, o que desejamos, como sentimos cada situação. Não é apenas uma expressão da nossa vontade autêntica, não apenas um instrumento da vontade, mas ele mesmo informa quem somos e quem estamos sendo, informa sobre nossos limites e sobre nossas possibilidades (Coelho-Júnior, 2018)[2].

A situação dramática em que todos nós fomos inseridos com o advento da pandemia de Covid-19 nos obrigou a modificar tantos hábitos, sobretudo aqueles que se referem à forma de convivência social, fazendo emergir uma questão

[2] Quanto a isso, sugerimos a leitura de um recente artigo publicado por Barreira, Telles & Filgueiras (2020), onde é abordado fenomenologicamente como a corporeidade é afetada pela monotonia do ambiente suscitada pelo afastamento social, assim como algumas implicações gerais, pelo olhar da Psicologia do Esporte.

importante relacionada à autenticidade: viver autenticamente significa nos apegarmos a uma imagem ou projeto de si mesmo, ou implica uma atenção consigo mesmo diante da experiência no aqui e agora?

Diante de tantas vivências desconfortantes e desconcertantes, como ansiedade, saudade, cansaço, vazio, solidão, surgiram várias propostas de como superar essas sensações e sentimentos. A situação de distanciamento social vivida no período pandêmico do Covid-19, ao limitar várias possibilidades nos eram costumeiras, fizeram circular inúmeros conselhos e listas do que seria necessário fazer no período de pandemia para preservar o bem-estar e não perder a possibilidade de viver de maneira original e positiva o momento. Surgiram novos projetos pessoais na tentativa de se adaptar ao contexto de confinamento provocado pelo distanciamento social e pelos momentos de *lockdown*, como assistir a *lives* nas redes sociais, trabalhar com plantas, exercitar-se em casa, descobrir novos *hobbies*, mas muitas dessas atividades não foram capazes de provocar uma mudança no quadro de sofrimento, ansiedade, medo e solidão de muitas pessoas. A tentativa de viver autenticamente o momento da pandemia, em fazer alguma coisa para passar o tempo, nem sempre foi suficiente para apaziguar os impactos psíquicos que a pandemia gerou.

Muitos pacientes que passaram a ser atendidos na modalidade on-line relataram que apesar de fazerem muitas coisas durante o dia para se distraírem, aquilo não era o suficiente para mobilizar algo que os realizasse como antes. Não era possível provocar em si mesmo a alegria que queriam ou a possibilidade de acolher o sentido do sofrimento advindo do momento. Ao mesmo tempo, não faltaram relatos de surpresas que traziam algo para um dia difícil como se o dia fosse salvo ali: receber um telefonema inesperado de um amigo, uma leitura ou filme que os tocavam de uma forma diferente, a alegria de contemplar a beleza de algo da natureza como um pôr do sol, entre tantas outras coisas. O que é capaz de fazer emergir em nós uma energia vital a ponto de marcar cada vivência? Nem sempre são os resultados das nossas escolhas ou algum projeto que fazemos que garante sermos tomados por uma vivência de realização, caso contrário, bastaria pensarmos de uma maneira diferente ou escolher por algo e tudo estaria resolvido e garantido. Embora nossas escolhas e a maneira de elaborar nossa experiência cumpra um papel importante nesse processo, ainda assim, isso não é capaz por si só de promover ou garantir essas vivências. Sobre isso, Stein descreve:

> É impossível dizer o que poderia servir à alma para sua revelação. Toda e qualquer coisa pode, de repente, entrar em uma profundidade na qual até agora nada era capaz de penetrar. Se isto acontece, não se vem a formar esta ou aquela capacidade, mas é toda a riqueza da alma que se derrama na vida atual e aparece nela, e só agora a vida se faz "cheia de alma" [*seelenvoll*]. Se passamos a observar, por contraste, o comportamento "como que sem alma", do qual falamos antes, vemos agora uma série de possibilidades. A partir do momento em que a profundidade da alma não esteja ainda revelada, a vemos [a alma] absorvida nas vivências periféricas. Mesmo os afetos que reivindicam "verdadeiramente" o direito a serem vividos em profundidade, se exaurem apenas em uma dimensão periférica; o indivíduo, todavia, não vive isso como uma falta enquanto ele não conhece a sua profundidade pessoal. Também existe um fluxo desde a profundidade até a periferia, quando, no indivíduo, a vida da alma se transforma em tormento, quando a alma

se preenche de desespero (Stein, 1922/1999b, p. 251, tradução nossa).

As surpresas que todos viveram nos dias mais difíceis da pandemia foram ocasiões em que, não raro, revelava-se o que é mais autêntico na pessoa, na medida em que mobilizava a pessoa em seu aspecto mais central e próprio. Autenticidade não pode ser reduzida a imagem adquirida a partir de uma convenção social sobre o que é viver autenticamente a vida, nem se reduz a uma imagem marcada por sentimentos cujo prazer o qualifica. Somos autênticos quando o que é mais próprio nosso surge e marca a maneira de vivenciarmos cada situação, o que pode ser identificado por uma grande alegria por reconhecer um valor, mas também por um sofrimento que nos tocou profundamente. As duas situações são ocasiões de nos darmos conta do que estamos sendo e do que é próprio e autêntico em nossas vivências, no encontro com a realidade que acontece diante de nós. A pandemia e o distanciamento social não podem ser reduzidos a obstáculos para uma vida autêntica, exatamente porque, em muitas ocasiões e para muitos, provaram-se ser a ocasião em que podemos viver de maneira autêntica nossa realidade, marcada por alegria e/ou pelo sofrimento.

Fenomenologia da Aproximação e do Distanciamento Social

Nessa perspectiva, o distanciamento social provocado pela pandemia de Covid-19 foi vivido de diversas maneiras pelas pessoas. Algumas pessoas, por exemplo, sentiram-se confortadas por perceberem que seu estilo de vida mais reservado e solitário passou a constituir um novo normal e não se sentiriam mais cobradas por terem que conviver com outras pessoas em espaços públicos. Contudo, para muitas outras pessoas a solidão e o isolamento interpessoal foi motivo de grande sofrimento, gerando ansiedade, vivências depressivas, insegurança e medo. Dentro desse contexto, cada um precisou rever as formas habituais em que se davam as relações sociais e questionaram sobre aquelas que mereciam o maior cuidado em serem mantidas e sustentadas.

O que estamos chamando de distanciamento social? Do ponto de vista da convenção do fenômeno social, consideramos como um conjunto de mudanças que envolveram cuidados necessários para evitar o contágio do Covid-19, da disseminação do vírus, seja no que se refere à recomendação da evitação do toque físico e da distância entre as pessoas, seja em relação à impossibilidade de convivência em espaços públicos como forma de evitar as aglomerações que poderiam ser fatais em relação à intensificação do contágio. Contudo, não foram apenas as possibilidades de convivência em espaços públicos que se alteraram, mas toda uma forma de vivenciar os atos sociais.

Além dos impactos psicológicos sofridos, como solidão e insegurança, decorrente da redução ou falta de convivência social, as relações sociais mesmas foram colocadas em questão nesse tempo. O período de distanciamento social tem sido ocasião para se dar conta de quais relações nos são mais importantes, quais não queremos perder, como cuidar de manter essas relações mesmo não podendo se encontrar presencialmente nos espaços públicos e privados, bem como evidenciaram-se as várias formas de relações que temos. Assim, cada pessoa pode vivenciar quais relações foram decisivas para ajudar a enfrentar um momento tão difícil, quais relações foram ocasião de apoio e sustentação nos momentos de sofrimento.

Sobre esse aspecto, Edith Stein (1922/1999b) oferece uma importante contribuição na descrição dos dinamismos pessoais que são mobilizados quando nos colocamos em situação de relação interpessoal. Ao descrever uma tipologia de atos sociais, identificados como relações de massa, de sociedade e de comunidade, aponta critérios para identificação de processos humanos que se beneficiaram em cada forma de contato interpessoal. Essas formas de atos sociais não foram descritas a partir de critérios quantitativos, mas qualitativos, isto é, não é a quantidade de pessoas que diferencia uma massa de uma comunidade, mas a maneira como as pessoas estão em relação. É pela maneira como se considera o outro, como se posiciona diante do outro, que uma relação é caracterizada.

Em uma relação de massa, o outro é captado de uma forma mais restrita, mobiliza um aspecto de reatividade psíquica, que pode mobilizar uma espécie de contágio psíquico que pode nos levar a vivenciar os sentimentos que o outro está tendo, repetir ou imitar suas ações ou ideias, mesmo que o núcleo de sentido que mobilizou originariamente o outro não seja captado. Em uma experiência relacional assim, que pode inclusive ser mediada por vários tipos de tecnologia, a pessoa pode ser tomada pelo sofrimento do outro sem passar por uma elaboração da experiência, sofrendo a dor do outro, ou mesmo se alegrar, superficialmente, com a alegria do outro de uma maneira mais reativa e pré-reflexiva. Situações desse tipo têm sido muito comuns durante a pandemia. Muitas pessoas viram sua ansiedade e tristeza aumentarem e tomar espaço em sua experiência pela exposição a notícias ou comentários, bem como melhoraram seu humor, ainda que superficial e momentaneamente, ao serem expostas a situações descontraídas ou tranquilizadoras.

Nas relações de tipo de sociedade, o contato é marcado por uma mecanicidade, isto é, o outro é reduzido a um conjunto de características que possam ser interessantes para responder às necessidades pessoais ou de objetivos que foram identificados. Oferecer ao outro apenas aquilo que ele necessita, ou colher do outro apenas aquilo que atenderia a uma expectativa é umas das marcas que caracterizam o funcionamento de uma sociedade através das divisões de vários papéis sociais.

Esse aspecto passou a ser pensado nos momentos de pandemia não apenas pelo medo de não poder contar mais com algumas pessoas em suas funções sociais, mas na reflexão sobre o que era necessário continuar ofertando aos outros e às instituições sociais. Esse tipo de relação possibilitou a consciência de limites que poderiam ser observados com a finalidade de manter o funcionamento de dinâmicas sociais essenciais, bem como observar o limite que poderia colocar o risco do contágio de uma doença que poderia ser fatal a si mesmo ou ao outro. Dessa forma, o delineamento das relações ou de momentos nas relações assumidos dessa maneira societária contribuiu na medida em que o funcionamento social, o cuidado com a sobrevivência, as necessidades que passaram a ser ameaçadas, puderam ser observados e mantidos os contatos interpessoais resguardando-se ao mínimo necessário.

Além das relações de massa e de sociedade, Stein também descreveu um importante tipo de relação chamada de comunidade (Stein, 1922/1999b, Ales Bello, 2015). A relação de comunidade é aquela onde uma pessoa está diante da outra sendo reconhecida em sua originalidade e reconhecendo os outros assim. Nas relações e agrupamentos propriamente comunitários, a organicidade das relações, isto é, a maneira como a presença do outro é reconhecida e a de si mesmo acolhida pelo outro, possibilita a emergência do que é mais peculiar e autêntico em cada pessoa, tanto de suas possibilidades quanto de seus limites. A relação acontece de tal maneira que até as vivências podem ocorrer comunitariamente, quando: a) o sujeito da vivência é um nós (nós estamos diante dessa mesma situação); b) a maneira de captar o objeto da vivência é compartilhada (podemos sentir uma mesma tristeza ou uma mesma alegria diante de algo); c) um fluxo de vivências pode contribuir e motivar a vivência seguinte (o posicionamento de uma pessoa diante daquela situação compartilhada pode gerar uma nova forma de pensar, sentir ou agir no enfrentamento de uma dificuldade). Relações de comunidade assim, sejam elas qualificadas como religiosas, científicas, familiares ou políticas, possibilitaram a superação da solidão e uma ajuda concreta para os enfrentamentos das situações e dilemas advindos da pandemia.

As formas de relações descritas, raramente são vivenciadas empiricamente apenas de forma pura, ou seja, geralmente encontramos formas mistas que se apresentam nos encontros intersubjetivos (Stein, 1922/1999b). Contudo, a possibilidade de descrever assim as relações possibilita o reconhecimento de alguns dos aspectos que foram decisivos a enfrentar o período de distanciamento não como um isolamento existencial, mas como uma mudança de padrões de hábitos de encontro. Nesse período, relações que eram vividas dentro de uma dessas características se mantiveram assim ou se dilataram para um aprofundamento do que poderia ser compartilhado na vida. Durante a pandemia, pensando do ponto de vista da qualidade das relações, muitas delas mantiveram o aspecto de distanciamento que já as caracterizavam, assim como outras passaram por processos de maior aproximação, ainda que na impossibilidade da convivência presencial. Relações amorosas, familiares, de cooperação no trabalho, religiosas, entre tantas outras revelaram suas características mais marcantes e puderam ser objeto de consideração na direção de um aprofundamento ou de um distanciamento vivencial.

O que a Pandemia pode nos ensinar sobre autenticidade?

Dando esse último passo em nossa reflexão, retomamos aqui a questão sobre como a Fenomenologia Clássica poderia nos ajudar a reconhecer, a partir da consideração da experiência, a possibilidade de ser autêntico nessa situação pandêmica. Entre vários aspectos que poderiam ser discutidos, optamos por destacar dois deles que merecem nossa atenção, na impossibilidade de desenvolvermos teoricamente aqui vários outros âmbitos.

O primeiro aspecto que destacamos é que cada um só pode ser autêntico a seu modo e dentro das circunstâncias nas quais está inserido. Ser autêntico não implica corresponder à ideia de autenticidade dos outros, que nos confeririam um selo de autenticidade por nos adequarmos a modelos que foram convencionados socialmente sobre como alguém deveria viver de maneira plena e autêntica uma situação como esta da pandemia. Não se trata de seguir uma lista externa de pré-requisitos de autenticidade, mas de assumir quem somos e quem vamos sendo diante de cada momento que se apresenta. É dentro do contexto social de cada pessoa, com suas possibilidades e limites, em sua maneira própria de responder aos acontecimentos e aos valores que capta, que a experiência de autêntica individualidade pode ser vivenciada. Considerar as próprias vivências, os próprios sentimentos, os recursos e limites que são apresentados nos diversos âmbitos (materiais, psicossociais, espirituais etc.), a própria maneira de viver o tempo, são condições necessárias para se viver autenticamente, caso contrário estamos apenas reproduzindo um modelo externo que se convencionou como sendo autêntico.

O segundo aspecto refere-se à maneira como os relacionamentos possibilitam ou dificultam a vivência da autêntica individualidade. Nesse período pandêmico, também vivenciamos relacionamentos em que nos detemos apenas em alguns aspectos de reatividade e contágio afetivo, ou de imitação cega de comportamentos, na busca de agradar a si ou aos outros, bem como vivenciamos relacionamentos em que nos contentamos em reduzir ou sermos reduzidos a um conjunto de características marcadas por um interesse próprio ou alheio. Apesar de momentos assim, em alguns casos, oferecerem algum alívio e pacificação, oferecem também limites a um aprofundamento do contato consigo mesmo em uma dimensão mais profunda. Por outro lado, vivenciamos algumas relações, tipicamente comunitárias, onde encontramos os outros com nossos dilemas e tensões, onde o sofrimento e a necessidade de retomar a atitude de esperança puderam ser acolhidas, comparadas e sustentadas nos momentos mais difíceis. A qualidade das relações vivenciadas na pandemia possibilitou uma tomada de consciência para o tipo de relações que mantemos e para aquelas que contribuem mais ou menos para nosso processo de viver a vida de maneira mais autêntica e própria.

A autenticidade não é resultado de um projeto intelectual, de uma tentativa de forçar a realidade a ser como desejamos ou de nos forçarmos a corresponder uma imagem ideal de nós mesmos, mas o reconhecimento de algo que nos acontece em nossa experiência como resposta a um acontecimento que nos provoca, mesmo que seja um acontecimento tão dramático quanto essa pandemia. Viver autenticamente não requer a realização de um ideal de si ou de uma situação ideal para que o que há de mais original da pessoa se expresse. Vale advertir: é pela maneira como respondemos a cada situação concreta, inclusive aquelas mais difíceis como a que estamos vivendo em decorrência da pandemia, atentos ao que se revela de mais íntimo em nós, que podemos nos dar conta de quem somos, vivendo a abertura como ocasião em que a autenticidade pode ser possibilitada.

Referências

ALES BELLO, A. *A fenomenologia do ser humano: traços de uma filosofia no feminino.* Trad. A. Angonese. Bauru: Edusc, 2000 (Trabalho original publicado em 1992).

ALES BELLO, A. *Fenomenologia e ciências humanas: psicologia, história e religião.* Org. e Trad. M. Mahfoud, & M. Massimi. Bauru: EDUSC, 2004.

ALES BELLO, A. *Pessoa e comunidade: comentários: Psicologia e Ciências do Espírito de Edith Stein.* Trad. M. Mahfoud & Ir. J. T. Garcia. Belo Horizonte: Artesã, 2015.

BARREIRA, C. R. A., TELLES, T.C.B., & FILGUEIRAS, A. Perspectivas em Psicologia do Esporte e Saúde Mental sob a Pandemia de Covid-19. *Psicologia: Ciência e Profissão, 40*, e243726, 1-14, 2020. Disponível em <https://doi.org/10.1590/1982-3703003243726>.

BUGENTAL, J. F. T. *The Search for Authenticity: An Existential-Analytic Approach to Psychotherapy.* New York: Holt, Rinehart, and Winston, 1965.

COELHO-JÚNIOR, A. G. (2018). *Autenticidade e corporeidade na obra de Edith Stein* (Tese de Doutorado). Faculdade de Filosofia Ciências e Letras de Ribeirão Preto, Universidade de São Paulo, Ribeirão Preto.

COELHO JÚNIOR, A. G., & BARREIRA, C. R. A. Formação da personalidade autêntica e corporeidade à luz de Edith Stein. *Psicologia USP, 29*(3), 2018, 345-353.

CURY, B. T., & MAHFOUD, M. Núcleo pessoal e liberdade na formação da pessoa a partir de Edith Stein. Orgs. M. MAH-

FOUD & M. MASSIMI. *Edith Stein e a psicologia: teoria e pesquisa*. Belo Horizonte: Artesã, 2013, pp. 217-237.

FRANKL, V. E. *Psicoterapia e sentido da vida: fundamentos antropológicos da Logoterapia e análise existencial*. Trad. A. M. de Castro. 6a ed. São Paulo: Quadrante, 2016. (Trabalho original publicado em 1946).

MAHFOUD, M & SAVIAN-FILHO, J. (Orgs.). *Diálogos com Edith Stein: Filosofia, Psicologia, Educação*. São Paulo: Paulus, 2017, pp. 257-282.

MAHFOUD, M., &; MASSIMI, M. (Orgs.). *Edith Stein e Psicologia: teoria e pesquisa*. Belo Horizonte: Artesã Editora, 2013.

PERLS, F. *Gestalt-terapia explicada*. Trad. G. Schlesinger. São Paulo: Summus, 1977. (Original publicado em inglês, 1969).

RICOEUR, P. Ética e moral. Em: P. RICOEUR. *Leituras 1: Em torno ao político*. Trad: M. Perine. São Paulo: Loyola, 1995. (Trabalho original publicado em 1990).

ROGERS, C. (1977). *Tornar-se pessoa*. Trad. M. J. do C. Ferreira. São Paulo: Martins Fontes, 1977. (Trabalho original publicado em 1961).

SAVIAN-FILHO, J. (Org.). *Empatia. Edmund Husserl e Edith Stein: apresentações didáticas*. São Paulo: Ed. Loyola, 2014.

SPINELLI, E. *Practising existential psychotherapy: The relational world*. Sage, 2007.

STEIN, E. *Il problema dell'empatia*. Trad. E. Costantini. Roma: Edizione Studium, 1998. (Trabalho original publicado em 1917).

STEIN, E. La filosofia esistenziale di Martin Heidegger. Em: E. STEIN. *La ricerca della verità: dalla fenomenologia alla filosofia cristiana*. Trad: A. M. Pezzella. Roma: Città Nuova, 1999, pp. 153-226. (Trabalho original publicado em 1936).

STEIN, E. *Psicologia e scienze dello spirito: contributi per una fondazione filosófica*. Trad. A. M. Pezzella. Roma: Città Nuova, 1999b. (Trabalho original publicado em 1922).

TAYLOR, C. *A ética da autenticidade*. Trad. T. Carvalho. São Paulo: É Realizações, 2011. (Trabalho original publicado em 2010).

TAYLOR, C. *As fontes do self: a construção da identidade moderna*. Trad. A. U. Sobral e D. de A. Azevedo. São Paulo: Loyola, 2013. (Trabalho original publicado em 1994).

TEIXEIRA, J. A. C. Introdução à psicoterapia existencial. *Análise Psicológica, 24*(3), 2006, 289-309.

VAN DEURZEN, E. *Existential counselling & psychotherapy in practice*. Sage, 2012.

YALOM, I. D. *Existential Psychotherapy*. New York: BasicBooks, 1980.

YONTEF, G. M. *Processo, diálogo e awareness: ensaios em Gestalt-terapia*. Summus Editorial, 1998.

3

Análise Existencial Hoje

Maria Madalena Magnabosco

Desde março de 2020 vivemos um isolamento social, o qual suspendeu o tempo cronológico com que nos organizávamos. Com a pandemia, fomos tomados por um medo do contato — contágio e nos sentimos interrompidos em nossa concepção e sentido de mundo; o qual era estruturado por atividades cotidianas de trabalho, estudos e relacionamentos sociais e afetivos.

A desestruturação do tempo cronológico nos gerou ansiedades e temores, principalmente por uma imersão na casa, suas relações e no tempo vivido de cada um; tempo este para o qual estávamos dessensibilizados pela rotina técnica e incessante do tempo cronológico com suas exigências de rendimento, produtividade e positividade de resultados.

Essa imersão no tempo vivido nos levou a estranhamentos, pois começamos a nos darmos conta de vivências silenciadas, mas existentes, com fantasmas antigos atualizados pelo contato com a finitude, com a vulnerabilidade e as contingências inerentes à existência. Diante da presença de tais vivências caladas nos sentimos impotentes para compreendê-las como um chamado para nos depararmos com um dos desafios existenciais presentes nas crises: a pergunta sobre o sentido e valor da vida.

A pandemia e o isolamento nos colocaram diante do desafio existencial de nos percebermos em nossas frágeis condições biopsicoespirituais e relacionais para lidarmos com a descontinuidade do tempo, das atividades e dos significados delas decorrentes. Como em toda crise, a pandemia e o modo como a vivenciamos, desvelou perturbações intraorgânicas das mais diversas ordens, perturbações intrapsíquicas com diferentes manifestações sintomáticas e repercussões intersubjetivas, tanto nas relações pessoais quanto nas íntimas. Diversos adoecimentos, diversas rupturas relacionais, diversos conflitos intrassubjetivos, que não mais poderiam ser calados, fizeram-se presentes em nosso contexto de vida.

Como lidarmos com todas essas questões?

Neste cenário mundial de desestabilização, um dos recursos que ainda sustentam uma busca de sentidos é a psicoterapia. O sentido é fundamento da existência e sem ele nos desorganizamos e perdemos a esperança. Para conferirmos sentidos em momentos de crise é necessário conhecermos um pouco mais sobre ele.

Segundo Jefferson Zeferino (2014), em uma comunicação sobre o sentido em Clodovis Boff,

> Para Clodovis, a pergunta pelo sentido da vida é uma questão existencial. Clodovis inicia sua abordagem tratando do tema do sentido enquanto finalidade. Pois, para ele, ao se falar de sentido da vida se fala de seu fim enquanto finalidade. Ao falar sentido ou fim da vida, também se tem em mente o pensamento de um fim último, ou um bem supremo. Ora, o sentido está em sua finalidade, em seu fim, "aquilo por causa do quê", afirma Clodovis recorrendo a Aristóteles. Daí também a relação entre o bem, o fim e o ser (p. 1733).

> Num segundo momento o autor trata o termo sentido enquanto valor. Para ele, finalidade e sentido também podem ser entendidos como valor. Pois, por de trás do problema da crise de valores o que está relacionado com o problema da ética, encontra-se o problema do sentido/valor da vida, isto porque o próprio sentido da moral precisa se ancorar em algo maior para não ser um fim em si mesmo (p. 1734).

Por essas citações percebemos como a psicoterapia, neste contexto de pandemia, é fundamental para auxiliarmos as pessoas na compreensão de sentidos como finalidade e valor.

Somente recorrendo a estas reflexões torna-se possível uma sustentação maior para atravessarmos as crises que se fazem presente neste momento, pois toda passagem necessita a compreensão de outros elementos simbólicos que ampliem mundo e suas percepções, de modo a oferecer subsídios para novos olhares. Mesmo que esses novos olhares se formem no encontro terapêutico adaptado a um outro formato: o online.

Realizada em formato online, dada as condições do isolamento social, as pessoas começaram a buscar a psicoterapia para lidarem com este enorme desafio de compreensão das vivências que nem sabiam existir e das relações que não mais se sustentavam nos sentidos antes conferidos.

Trabalhar com a Análise Existencial hoje é oferecer esse suporte compreensivo para as pessoas resgatarem a condição constituinte do cuidado do ser. Cuidar do ser é ontologia, rememoração de nossa constituição fundante como co-construtivos de mundo, como seres em constante mudança.

Nos dizeres de Weyh (2019):

> O cuidado do qual Heidegger fala não é, portanto, um zelo ôntico, mas sim uma estrutura ontológica integrante da existencialidade do ser-aí. O cuidado, assim, é um existencial e é possibilidade concrescida

> do ser-aí, estrutura ontológica que articula e unifica o seu modo de ser (p. 90).

Para melhor compreendermos cuidado como estrutura existencial na qual necessitamos conhecer o homem e sua humanidade para adentrarmos no conhecimento do cuidar para ser, precisamos distingui-lo do senso comum.

Assim, existencialmente, cuidado não é controle, apropriação, excesso de proximidade, fazer pelo outro em nome do amor, tirania da intimidade (de tão próximo, destrói a face do outro).

Cuidar é um constante (re)fazer-se diante das tensões do viver, com finalidade e valor. Por sermos relações, necessitamos do cuidado, pois o outro, o mundo, a realidade nos afeta e nos obriga a sair das zonas de conforto habituais para adentrarmos mundos e significados que ainda não conhecemos, possibilidades ainda inexploradas.

> O cuidado autêntico, modalizado através da disposição fundamental de angústia, representaria o cuidado em sentido forte, já que aí, o ser-aí suspende o contato com o mundo externo, seja útil ou outro ser-aí, e retorna a si mesmo. A partir desta suspensão dada pelo sentimento de angústia, sobre o que comumente é certo e errado, o ser-aí pode perguntar-se de maneira autêntica, ou seja, sobre o que ele quer atualizar enquanto possibilidade, uma vez que, no mais íntimo de seu ser, o ser-aí é poder-ser (*SeinKönnen*) (Andrade, 2008, p. 2).

Foi esse não reconhecimento do cuidado como estrutura existencial do poder-ser que gerou as crises presentes no contexto da pandemia. Contexto este enrijecido pelas ideias de produção, velocidade e resultados que gerou o esquecimento do ser. Assim, para possibilitar um cuidar do ser, a psicoterapia se faz presente como suporte para passagens de sentidos.

O suporte inicial da psicoterapia tem sido possibilitar às pessoas se defrontarem com os dilemas da ruptura do tempo cronológico e vivido para um retorno ao cuidado com a finalidade de uma serenidade, contemplação e consequente transformação da energia ativada pela crise em movimentos de cocriação com o mundo. Trazer à luz dos conflitos e crises a possibilidade de significação das relações com a corporeidade, do relacionamento consigo mesmo, com o social e o espiritual.

Para tanto, um dos primeiros cuidados a ser resgatado, em momentos como este, é a revisitação ao silêncio.

Anterior à pandemia o mundo já vivia um excesso da técnica no trabalho e, também, interrelacional. Com o isolamento social o contato com a técnica aumentou, pois o virtual, o teclado e tela do computador-celular se intensificaram mais que nunca. Neste contexto, com o trabalho e educação remotos sustentados pela técnica dos aparelhos, o único silêncio vivido tem sido o desligar do computador e celular. Este tem sido o tipo de silêncio valorizado pelas pessoas no cotidiano comunicacional de suas vidas.

Para sustentar este argumento recorro a Le Bretton (2017) em seu livro *O Silêncio*:

> El único silencio que conoce la utopía de la comunicación es el de la avería, el del fallo de la máquina, el de la interrupción de la transmisión. Este silencio es más uma suspensión de la técnica que la afloración de un mundo interior. El silencio se convierte entonces en un vestigio arqueológico, algo así como un resto todavía no asimilado. Anacrónico en su manifestación, produce malestar y un deseo imediato de yugularlo, como si de un intruso se tratara.

> Señala el esfuerzo que aún queda por hacer para que el hombre acceda al fin a la gloriosa categoría del homo communicans (p. 6).

Neste silenciar da falha da máquina e interrupção da transmissão, o silêncio para comunicar e cuidar do vivido se perde nos ruídos internos e externos gerando um mal-estar pela ruptura temporal da tecnicidade. Mal-estar este que, neste contexto de incomunicabilidade, ocorrem as mais diversas manifestações sintomáticas, expressões de um modo de estar no mundo sem uma intimidade consigo e, consequentemente, com os demais.

Essa ausência de intimidade configura a indigência e penúria moral e espiritual do homem da técnica que vive a contemporaneidade. Heidegger (*apud* Lima Filho, 2011) nos diz:

> A época é estreita, pois a essência da dor, da morte e do amor não lhe é aberta. Estreita é esta indigência em si mesma, pois esconde a região essencial onde a dor, morte e amor desdobram sua pertinência. Há velamento na medida em que a região de seu pertencimento é o abismo do ser (Heidegger *apud* Lima Filho, 2011, p. 67).

Indigência, neste contexto, "significa estreiteza, limitação à compreensão do mundo e da vida, como um aperto que nos espreita" (Lima Filho, p. 67).

Indigente, desenraizado do ser, as pessoas se resignam a uma massificação que se pauta por uma prioridade de mediocridades, a qual interdita qualquer intimidade com o ser.

Ser íntimo de si e acessar o tempo vivido é poder calar a técnica; calá-la para ouvirmos o mundo. Nos dizeres de Bachelard (1978, p.287): "Parece que para compreender bem o silêncio, nossa alma necessita ver algo que se cale".

O silêncio é, assim, um caminho que nos leva a um sentimento de existir onde podemos recapitular e reencontrar uma unidade própria. Sem ele, as expressões de nossos vividos se dão por palavras estereotipadas, que ao final da pronúncia já se desintegraram, pois não acessam o significado e apenas reproduzem ideologias e deveres ser.

Em termos da linguagem, o silêncio se faz nas "palavras quebradas" que rompem as estereotipias e introduzem as metáforas como o silêncio da linguagem para ser. Linguagem essa imprescindível para que possamos suspender nossos juízos, nos acercarmos de nossas percepções, trazê-las à consciência e destinarmos uma ação sustentada pelos significados apreendidos. Sem estes movimentos permanecemos na incomunicabilidade, a qual não é uma ausência de palavras, mas antes, uma ausência do sentido próprio no vivido que nos diz: "Do lugar onde estou já fui embora" (Manoel de Barros, 2001).

Para melhor compreendermos esta incomunicabilidade, típica das técnicas, em que não há suspensão de juízos para novos sentidos, solicito a beleza dos versos de Manoel de Barros (2001):

> Uso a palavra para compor meus silêncios.
> Não gosto das palavras
> fatigadas de informar.
> Dou mais respeito
> às que vivem de barriga no chão
> tipo água pedra sapo.
> Entendo bem o sotaque das águas
> Dou respeito às coisas desimportantes
> e aos seres desimportantes.
> Prezo insetos mais que aviões.
> Prezo a velocidade
> das tartarugas mais que a dos mísseis.

> Tenho em mim um atraso de nascença.
> Eu fui aparelhado
> para gostar de passarinhos.
> Tenho abundância de ser feliz por isso.
> Meu quintal é maior do que o mundo.
> Sou um apanhador de desperdícios:
> Amo os restos
> como as boas moscas.
> Queria que a minha voz tivesse um formato
> de canto.
> Porque eu não sou da informática:
> eu sou da invencionática.
> Só uso a palavra para compor meus silêncios.

Como, neste cenário da técnica positivada, podemos cuidar do silêncio para resgatarmos ser de inícios?

Para devolvermos às pessoas o cuidado ao silêncio um dos desafios contemporâneos é cessar a imediaticidade de respostas. Tal imediaticidade, em um contexto de produtividades via resultados, é concebida como eficiência e sucesso. Entretanto, as pessoas não percebem que elas apenas reproduzem um processo de auto exploração, tal como nos explicita Byung-Chul-Han, em *A Sociedade do Cansaço* (2015). Toda imediaticidade é uma recusa ao silêncio e nesta se expressa a interdição de apropriação do tempo próprio, do limite, das escolhas e possibilidades. A pessoa apenas reage, não é livre para escolher e se esgota no ato mesmo da reação.

Poeticamente com Rilke (*apud* LIMA, 2011, p.68):

> (...) as cidades grandes
> São perdidas e desagregadas;
> A maior não é senão a fuga de um incêndio
> Não há consolo em sua desesperança
> E seu tempo é miserável e calculado

Lá, vivem em aposentos degradados, na indigência,
Homens de gestos ansiosos,
Mais inquietos do que um rebanho de animais,
Porém, do solo da terra lá fora respira e vela;
Eles, entretanto, apenas existem e já o esqueceram.

Sem dar-se conta desta atitude de esquecimento e desagregação de si, a pessoa transforma a ansiedade, enquanto energia de ativação para transpor um desafio ou dilema existencial, em imediatismo. Neste, não temos escolhas e fazemos para ficar "livre de". Na ansiedade devidamente vivenciada podemos ativar uma energia vital e transpormos um desafio e dilema que nos possibilitará um reconhecimento de ressignificação da relação com o mundo e consigo próprio. Neste movimento, somos livre para nos colocarmos no que é prioritário e, ao fazermos, conseguimos silenciar o ruído do "tenho de fazer rápido, senão o que irão pensar de mim?".

Nos dizeres de Søren Kierkegaard (apud DEURZEN, 2019): "Quem aprendeu a ficar ansioso da maneira certa, aprendeu o máximo".

Para melhor compreendermos a imediaticidade, como técnica impeditiva do silêncio e apropriação de si no que confere sentido, recorro à publicação do *The Weekend University* sobre a conversa com Emmy van Deurzen (2019), na qual a autora explicita nossos preconceitos em relação à ansiedade (por a confundirmos com imediatismo reacional). Segundo ela, a ansiedade no sentido existencial é um ingrediente essencial de uma vida plenamente vivida. É como uma forma de "energia de ativação" que serve ao propósito de nos ajudar a enfrentar um desafio, superar um obstáculo ou alcançar uma meta. "É a energia que percorre nosso corpo quando nos sentimos chamados a fazer algo que sabemos ser importante para nós" (VAN DEURZEN, 2019). O objetivo da ansiedade é nos "ativar" para realmente fazer este algo que nos é importante.

Ainda segundo relatos da autora, quando a energia que seu sistema gerou é suprimida e não encontra uma saída, em vez de ser usada produtivamente para se envolver com o mundo e enfrentar os obstáculos, ela permanece reprimida e pode voltar a assombrá-lo mais tarde. Quando vemos a ansiedade como uma forma de "energia de ativação" que nos ajuda a crescer, ela se torna algo a ser abraçado e não evitado (van Deurzen, 2019).

Por essas colocações percebemos que a imediaticidade nos leva mais a uma supressão do sentido prioritário do que a um enfrentamento que nos devolve ao próprio e a um silêncio interno. Por suprimir, seja uma pergunta, uma necessidade, um desejo, uma comunicação, produzimos o ruído onde descuidamos do ser, onde dizemos as palavras gastas de significados.

Neste contexto de respostas imediatas, de estar sempre no mesmo tempo-espaço dos significados dados por uma cultura da positividade (Han, 2015), descuidar do ser é descuidar do tempo e da coexistência, pois neste imediatismo não há tempo compartilhado. A não imediaticidade da resposta é vivida como descontinuidade e paralisação diante do mundo da técnica, o que resultará em uma vivência de fracasso e inoperância. Tal descontinuidade e vivência de fracasso ocorrem como manifestação de uma consequência do mundo da técnica; mundo este no qual o imediato denuncia a dificuldade em lidar com o tempo compartilhado, em que existe a presença e consideração para com o outro, mesmo em sua ausência física, mesmo na não resposta adequada ao tempo da mensagem do WhatsApp.

O tempo compartilhado é o fundamento da condição de coexistência, da comunidade, pois viver em comunidade só é possível com seres que compartilham e ativam energia de vida. Essa é a semelhança humana que necessita de cuidado nesse tempo de pandemia com trabalhos e relações virtuais.

Os transtornos recorrentes neste contexto atual, seja pelas manifestações da Síndrome do Pânico, Depressão, Burnout, Stress e Crise de Ansiedade Generalizada, nada mais são que modos de expressões das dificuldades de estruturação do tempo compartilhado. No contexto da imediaticidade da técnica não existe o comum, o que nos assemelha e nos coloca como seres de cuidado: coexistir no mundo. Permanecemos em um aprisionamento aos deveres ser e suas respostas imediatas, sem uma identificação e pertença com o mundo humano e suas co-criações de significados outros.

Neste sentido, cuidar do silenciar é cuidar do ritmo das presenças-ausências, as quais possibilitam a constituição do tempo subjetivo através do reconhecimento do ritmo próprio e respeito ao ritmo do outro.

Segundo Safra (2013), o tempo subjetivo é constituído pelo ritmo das tensões e distensões vivenciadas, caracterizando-se pela qualidade das durações. Este tempo é fruto da continuidade do ser, retirando-o do vácuo da eternidade e do não-ser, tão característicos da imediaticidade.

Para silenciarmos e cuidarmos do tempo, aprendendo a (com)partilhar, é necessário rompermos o ciclo das imediaticidades, pois nele não pode existir a expressão do próprio e, com isto, perdemos a articulação com o outro, o qual é fruto do interjogo de presenças e ausências. Sem este ritmo, atropelamos aos outros e a nós, e nos perdemos das articulações e vinculações, o que nos leva a uma ausência de reciprocidade nas relações e consequentes disputas, hostilidades e objetificações. Construirmo-nos fora do cuidado com o tempo e o ritmo é um dos movimentos que nos adoecem no mundo do imediatismo técnico e seus ruídos incessantes.

Em tempos como este, um modo de cuidado praticado na clínica existencial é possibilitar à pessoa uma compreensão de que existe um problema, um desafio, um dilema, mas ele se fundamenta no modo de relacionar com o mundo e não é uma questão meramente individual.

Nesses momentos, é importante ajudarmos a pessoa a presentificar o problema para uma não identificação fusional com ele. É proporcionar à pessoa uma ritmicidade inicial, retirando-a do ruído e turbulência para um distanciamento, um silêncio, uma contemplação, um não estar no mesmo lugar, de modo a possibilitar uma reorganização de percepções e ressignificação dos sentidos.

Esta reorganização somente pode acontecer no encontro humano com o outro. Ao ser vista e compreendida a pessoa se dispõe a discorrer sobre o problema, contando sobre e como aconteceu. Esta ação significa que ela não está mais paralisada pelo problema do imediatismo, na mera massificação, mas iniciando a construção de uma intimidade, pois se sente acolhida e ouvida pela presença do outro, necessário para um cuidar do silêncio, do compartilhar de outros ritmos para que a pessoa possa calar ruídos e se ouvir.

Este calar ruídos para se ouvir é a função principal da escuta. Como nos diz a música de Ney Matogrosso, *Fala*:

> Eu não sei dizer nada por dizer
> Então eu escuto
> Se você disser tudo o que quiser
> Então eu escuto
> Fala
> Lalalalalalalalalá
> Fala
> Se eu não entender, não vou responder
> Então eu escuto

Eu só vou falar na hora de falar
Então eu escuto

Escutar é se disponibilizar para outros idiomas sem o desejo de uma familiaridade de significados. Nos dizeres de Alfried Längle (2007), "la persona no nos permite sujetarla, pero sí encontrarla". E encontrar a pessoa é "llevar claridad al reconocimiento, al sentir y a la orientación. Es el fundamento para la "existência realizada". Uma existência realizada é aquela em que o homem se escuta e não se julga. Escuta como abertura e disponibilidade para o outro e para si mesmo com o intuito de compreender vivências e sentidos.

Esta é a grande atitude fenomenológica, a qual torna a análise existencial um encontro humano que possibilita a compreensão, a construção de um silêncio para a criação de uma intimidade onde a pessoa reconhece seus motivos sem o desejo ansioso de ficar livre deles, mas para eles. Somente assim conseguimos atravessar crises e redefinir finalidades e valores que orientem o existir.

A meu ver, atuar com a análise existencial, hoje, implica a delicadeza de ouvirmos os desejos de silêncio nos quais se acumulam ruídos das dores expressas em síndromes, desorganizações rítmicas, cansaços, e principalmente, no temor de sermos íntimos das palavras que ainda estão por nascer.

Referências

ANDRADE, R. O cuidado na primeira seção de Ser e Tempo. *Existência e Arte - Revista Eletrônica do Grupo PET - Ciências Humanas, Estética e Artes da Universidade Federal de São João Del-Rei, 4*(4), jan.-dez. de 2008. Disponível em <https://ufsj.edu.br/existenciaearte/4_edicao.php>.

BACHELARD, G. *A água e os sonhos.* São Paulo: Martins Fontes, 1987.

BARROS, M. *Livro sobre o nada*. 9ª ed. Rio de Janeiro: Record, 2001.

HAN, B. C. A sociedade do cansaço. Petrópolis, RJ: Vozes, 2015.

VAN DEURZEN, E. 4 Existential Ideas That Can Change How You Approach Life. *The Weekend University*. 2019. Disponível em https://theweekenduniversity.com/4-existential-ideas-that-can-change-how-you-approach-life/ Acessado em 1/04/2021.

LÄNGLE A. Intuir lo que mueve. Fenomenología en la práctica (analítico-existencial). Traducción del articulo en: *Existenzanalyse 24*(2), 2007, 17-29. Disponível em: <https://laengle.info/userfile/doc/Fenomenologia-2007-GLE.pdf>.

LE BRETTON, D. O silêncio. Trad. A. Temes. Editor digital: Primo ePub base r1.2, 1997.

LIMA FILHO, M. *A escuta, a espera e o silêncio. A "indigência da Modernidade" em Heidegger e Rilke*. São Paulo: Educ/Fapesp, 2011.

SAFRA, G. *Clínica Psicológica - genealogia das matrizes clínicas*. (Recurso em áudio). São Paulo: Editora Sobernost, 2013.

ZEFERINO, J. O conceito de sentido em Clodovis Boff e suas implicações para a ética cristã na esfera pública. *Anais do Congresso Internacional da Faculdades EST*, v.2. São Leopoldo: EST, 2014.

WEYH, K. M. Do cuidado como essência da existência do ser-aí em Heidegger. [recurso eletrônico]. Porto Alegre, RS: Editora Fi, 2019. Disponível em: <https://www.editorafi.org/714heidegger>.

4

Possibilidades clínicas em tempos de pandemia

Saleth Salles Horta

Não me deixe rezar por proteção contra os perigos, mas pelo destemor em enfrentá-los.
Não me deixe implorar pelo alívio da dor, mas pela coragem de vencê-la.
Não me deixe procurar aliados na batalha da vida, mas a minha própria força.
Não me deixe suplicar com temor aflito para ser salvo, mas esperar paciência para merecer a liberdade.
Não me permita ser covarde, sentindo sua clemência apenas no meu êxito, mas me deixe sentir a força de sua mão quando eu cair.
Rabindranath Tagore

Pandemia é a epidemia de uma doença infecciosa que se espalha entre a população, em abrangência geográfica. Acontece de tempos em tempos e ameaça simultaneamente muitas pessoas pelo mundo. Nas gerações passadas, inúmeras vidas foram dizimadas. Mesmo com o avanço da medicina e da tecnologia, estamos vivendo novamente outra pandemia, causada pelo coronavírus (COVID-19), que provoca na população sofrimentos e reações, a nível mundial, em pleno século XXI, idênticos aos ocorridos nos séculos anteriores. Tantas mortes, muitas pessoas infectadas e ameaçadas. Sofrimento generalizado. O medo da morte nunca esteve tão presente. Se estamos todos tão atingidos, quem cuida das pessoas em sofrimento? E os profissionais da Psicologia Clínica, como podem ajudar a tantas pessoas neste momento?

A Gestalt -Terapia concebe o homem como um ser de possibilidades, um ser em relação. Não existe sujeito sem mundo, nem mundo sem sujeito. Portanto, é um ser-no-mundo, um conjunto de possibilidades que podem se atualizar, se realizar durante sua existência. Ele não nasce pronto, está em constante construção e reconstrução. Assim, esta abordagem nos apresenta um ser relacional, o qual é construído, formado e pode ser deformado nas relações. Podemos, então, pensar a relação terapêutica como possibilidade de retomada do ser saudável, do verdadeiro ser, que às vezes se perde ao longo de sua vida, seja no processo educacional, seja em situações de crise. Nessa perspectiva, a psicoterapia relacional dialógica propõe um processo de olhar para si, para a sua história, para a própria vida, que leve a pessoa a se conhecer e a reestruturar a sua existência.

Mas, em tempo de crise, a relação com os outros e consigo mesmo fica comprometida, tal como estamos todos vivendo em tempo de pandemia. Quais são as possibilidades clínicas na atuação e no socorro às pessoas em sofrimento? Estamos em uma crise que é um acontecimento mundial, a qual provoca uma transformação radical em nosso modo de ser/estar no mundo. A pandemia desvelou o ser humano e o levou a uma mudança no estilo de vida, mostrou a precariedade do mundo e do homem e suas fragilidades. Em um tempo que já dura mais de um ano, em abrangência mundial, diante de uma guerra com o inimigo invisível, o coronavírus. Como pode um micro-organismo provocar tamanha destruição?

Quando falamos de possibilidades clínicas, a proposta é um olhar para o fenômeno que aparece e está em evidência. Olhar para as pessoas, para os pacientes que estão vivenciando a pandemia e suas consequências, numa luta existencial. A crise é mundial, ao mesmo tempo em que se torna individual. Cada pessoa reage a ela do seu jeito, de modo próprio. Sendo assim, podemos dizer que atinge cada um em sua singularidade, enquanto atinge o todo.

Ginger e Ginger (1995) afirmam: "Na perspectiva da Teoria de Campo de Kurt Lewin há uma interdependência entre a pessoa e seu meio social. O campo emana uma força que atinge cada parte, afetando ou provocando cada pessoa no seu todo" (p. 40). Assim, tudo que emerge com uma crise social afeta cada um individualmente. Ou seja, o comportamento é função do campo total, o qual inclui tanto o homem quanto o seu ambiente. Rodrigues (2013) sustenta que "a teoria de campo de Kurt Lewin se propõe a fundamentar nossa compreensão sobre como o sentido das ações de uma pessoa é algo que se coaduna à relação dela com seu meio" (p. 115), o que fundamenta a noção de que cada ser é afetado de modo único pelo seu meio, na interação particularizada entre ambos.

Coerente com essa perspectiva, Ribeiro (1998) propõe que o campo não é determinante, mas propiciador: afeta, provoca, influencia. O autor evidencia a relação sujeito/ambiente em sua peculiaridade e afirma: "somos inelutavelmente seres em relação" (p. 30). Está aí, em acordo com os autores citados, um eixo estrutural que nos oferece a visão de homem como um ser relacional, portanto, afetado individualmente em cada encontro ou relação.

Dessa forma, podemos nos voltar para o fato de que, com a pandemia, o isolamento social limita as relações e leva muitas pessoas ao sofrimento por solidão ou por convivência forçada, por falta de encontros, carência de afeto e de diálogos, sobretudo por medo de algo tão abstrato, tão longe e tão perto, uma ameaça constante que atinge cada um. Vivências que afetam de modo diferenciado. Portanto, cada paciente que procura pela ajuda de um psicólogo, traz consigo a experiência própria, suas dores e precisa ser escutado em sua singularidade. Entretanto, somente para observação e descrição e não como pretensão diagnóstica, podemos fazer uma separação por grupos: recebemos pessoas com medo, com fobias, "paranoicas", depressivas, com transtorno de pânico ou ansiedade generalizada.

O medo é uma sensação desagradável, desencadeado mediante a percepção de perigo. É natural e até essencial no momento, pois leva ao cuidado. Pessoas que não sentem medo não se cuidam, não se protegem e expõem a si e aos demais. Neste momento, é muito comum os mais jovens se aglomerarem de forma inconsequente e não se preocuparem com os familiares que se encontram em casa, achando-se protegidos. Situações em que o medo se faz necessário.

Os medos mais comuns no momento são o medo de morrer, de perder pessoas queridas e de perder o emprego. As fobias são consideradas pela ciência como perturbação psíquica, transtornos que trazem sofrimento e ansiedade. O medo de morte tem se apresentado muito mais intenso no momento e tem sido desencadeador de fobias. O medo do invisível, do imprevisível, em intensidade muito forte, às vezes, incontrolável.

Algumas pessoas apresentam vivências "paranoicas" em relação ao coronavírus, como se estivessem sendo sempre perseguidas por ele. Não raro, entram em estado de ansiedade, a desinfetarem suas casas, todos os objetos e até pessoas, em estado de aflição que pode levar a um estado de vigília constante.

A negação tem sido uma reação forte, principalmente naquelas pessoas que temem a morte. Algumas se comportam negando: "não há perigo de contaminação" e, então, não se protegem.

Schwarecz e Starlin (2020), referindo-se às pessoas em tempo de pandemia, afirmam: "No começo, a peste é quase sempre recepcionada com grandes doses de negação. Encarar a verdade de nossa precariedade nem sempre é fácil" (p. 46). E a verdade mais difícil de encarar é a possibilidade de morrer. Sim, é muito difícil para a maioria dos seres humanos encarar essa previsibilidade da própria morte. Até a busca pela psicoterapia pode ser negada, para evitar o confronto com a possibilidade da morte. Para esses, a angústia e a ansiedade são inevitáveis e a saída pode ser a negação.

O transtorno de pânico (TP), que é caracterizado por crises de ansiedade repentina e intensa, ocorre mediante forte sensação de medo, quando a pessoa necessita controlar seu mundo. No entanto, por não conseguir esse desejado controle, entra em forte ansiedade.

Diante do quadro atual de crise, provocado pela pandemia, a impossibilidade de controle de um vírus invisível pode levar a pessoa ao desespero e provocar também, forte ansiedade. Segundo Rodrigues (2006), "pensar no pânico é pensar no destino histórico, no modo de relacionar com os que cercam, na nossa pretensão de controle de futuro, sobre a vida e sobre a morte" (p. 170). Ataques de ansiedade, em situação de pânico, podem acontecer quando a pessoa oscila entre o medo e o desejo de morrer. Ao ser acometida por forte sentimento de despersonalização, busca desesperadamente se agarrar ao próprio eu ou solicita a presença de alguém que lhe espelhe, que lhe garanta, de alguma forma, a certeza de estar viva. Tenta se assegurar de que, por se sentir novamente viva, poderá controlar seu mundo. Mas, em tempo de pandemia, a impossibilidade desse controle poderá levar essa pessoa ao desespero. Ela sofre em angústia por não saber como será o dia de amanhã, ao constatar o perigo iminente de morte e a clareza de sua situação existencial. Seu aqui e agora, literalmente, torna-se uma presentificação de si com vistas a um futuro extremamente perigoso, sobre o qual ela não tem o domínio desejado.

O transtorno de ansiedade generalizado (TAG) é caracterizado por uma preocupação excessiva e persistente diante do medo das situações cotidianas. É um transtorno que tem acometido muitos adultos, por estarem estão vivendo um cotidiano totalmente fora do normal em suas vidas: seja nas relações familiares em convivência forçada, pela condição de trabalho em *home office*, pela ausência de trabalho, ou ainda em função do isolamento social. Enfim, torna-se impossível não serem afetados por tantas mudanças que requerem não apenas adaptação, mas uma conformação, que significa entrar em uma forma social imposta pela única possibilidade de sobrevivência no momento.

Esse transtorno tem acometido também os adolescentes e até as crianças, principalmente diante da demanda do ensino remoto, não só pela falta de liberdade física e reclusão social, mas também pela falta de sentido diante de uma prática, para muitos, sem motivação. Tem sido muito frequente o acometimento de estados ansiosos nessa população tão jovem, diante de tamanha exigência física e emocional. As crianças mais novas estão impedidas de contatos físicos com os adultos, bem como do convívio com os avós e parentes próximos. Elas não conseguem ainda compreender a razão desse impedimento e podem sofrer, além de solidão, sentimento de rejeição ou de abandono, podendo afetar a autoestima desses seres em desenvolvimento biopsicossocial.

Nesse sentido, em todas as famílias, os pais têm feito esforços enormes para ajudarem seus filhos em todos os aspectos afetados. Há uma grande demanda de assistência nas tarefas escolares e no suporte tecnológico, já que é quase impossível manter uma criança sentada diante de uma tela para assistir e absorver os conteúdos das aulas virtuais, durante até quatro horas ao dia. Além disso, o isolamento social chega a ser adoecedor para crianças e adolescentes, os quais se encontram numa fase de grande necessidade de convivência, de pertencimento a grupos de iguais e pela impossibilidade de experiências lúdicas livres. Diante da exigência de isolamento, com o afastamento dos amigos, podem ficar depressivas ou serem acometidas por sentimento de culpa, baixa autoestima e agressividade.

Aliás, essa contenção social tem sido difícil para todas as pessoas em todas as idades. De repente, o mundo está contido em cada casa, em cada família. Mudou-se toda a configuração do lar. A escola e o trabalho estão ocupando a maior parte, não sobrando tempo e espaço para convivência ou lazer.

Os adultos sofrem pela falta de convívio. Mas, o sofrimento maior deles tem sido pela incerteza em referência ao futuro, diante do desconhecido que lhes parece perigoso, incontrolável e ameaçador. A situação econômica da família, para muitos, torna-se o retrato da situação do país: imprevisível e ameaçadora. Na crise atual, a grande incerteza incomoda aqueles que mais se preocupam em garantir a sua segurança para o futuro. Portanto, é comum desenvolver ansiedade, medo da morte, medo de perda das pessoas queridas, perda de emprego, perda de estabilidade. Enfim, a insegurança e o descontrole podem estar presentes em todas as experiências e ameaças vivenciadas. Não muito raro, a ansiedade se torna mais um membro da família.

Já em casos de depressão, as pessoas que anteriormente já se encontravam em estado depressivo, neste ano de pandemia, entram em sofrimento maior, quando experimentam total falta de poder. A situação de vida cotidiana de uma pessoa que se apresenta deprimida está ameaçada, não só no aspecto social, como também economicamente. Isso pode acontecer, principalmente, por não acreditar em si mesma, por já se sentir fracassada anteriormente, e carregar o grande peso de culpa e impotência diante da vida, o que pode lhe provocar a desesperação. A culpa costuma ser o maior peso na vida de um sujeito em estado de depressão. Ele se culpa até pelo próprio sentimento de fracasso, muitas vezes experimentado em todas as áreas de seu viver. E, no contexto atual de crise, não enxerga outra possibilidade, a não ser a de se tornar ainda mais fracassado: os projetos são cristalizados e os sonhos estagnados, não existem mais.

Segundo Moreira & Sloan (2002), "a depressão se manifesta, assim, como um sofrimento psíquico pela incapacidade de viver significativamente" (p. 202). Afirma, ainda, que essas pessoas são passivas, prisioneiras de sua própria situação, vivem intensamente um processo ideológico de "morte em vida" (p. 203). Então, elas, ao contrário de pessoas em estado de ansiedade, ficam paralisadas diante de uma crise que é tão ameaçadora para todos. Nesse sentido, cabe ainda uma afirmação de Miller (2018):

> Tanto a ansiedade como a depressão são condições reflexivas, auto-referenciais, embora de formas diferentes. Ambas deixam de dar atenção ao momento presente — ainda que também se pudesse dizer que seus estados são os seus momentos presentes reais —, mas elas vão em direções extremamente opostas

> — a ansiedade em direção a seu mundo percebido, a depressão para longe de qualquer mundo, a ansiedade em direção à construção do futuro no presente, a depressão em direção a sua construção do passado em presente e futuro (p. 320).

Podemos observar, através desse paralelo estabelecido pelo autor, como os estados de ansiedade e depressão afetam as pessoas em vivências conflitivas, de modo diferente, diante de uma mesma situação ameaçadora. Não é que as pessoas deprimidas não percebam a ameaça, mas elas se dobram e desabam ante a percepção da possibilidade trágica que lhes aponta o futuro, a qual traz em espelho as experiências passadas e a lembrança viva da imagem fracassada, bem como da postura de vida no passado. Nesse sentido, chegam a perder a confiança em si e a própria energia vital.

Desse modo, morrer ou viver já não faz diferença. O sofrimento torna-se petrificante, perdem totalmente o sentido/direção de vida, bem como o movimento. Diante de tamanha negatividade, torna-se muito difícil para essas pessoas aceitarem a busca de ajuda, mesmo um processo psicoterápico, pois não acreditam em si mesmas, nem no outro (portanto, não acreditam no terapeuta), nem tampouco, na possibilidade de ressignificação de um sentido para a vida.

Uma manifestação depressiva que tem sido muito frequente é a depressão reativa pós-traumática, que tem acometido algumas pessoas que perderam parentes por Covid. Inesperadamente, deparam-se com total impotência: nada podem fazer. A morte aí está. Sequer podem se despedir da pessoa que morre. Precisam elaborar o trauma para conseguirem tardiamente a vivência do luto.

E os psicoterapeutas, como se preparam e como se cuidam? Eles também sofrem e são afetados pela mesma crise que acomete seus pacientes. Aliás, todos os profissionais que atuam diretamente com pessoas, passam a ser suporte para elas. São constantes guerreiros e heróis nesta situação de pandemia.

Assistimos, durante todo o ano, a inúmeras e emocionantes homenagens e agradecimentos aos profissionais da saúde, principalmente médicos e enfermeiros que estão na comissão de frente, na luta pela busca de salvar vidas. Sim, eles têm sido verdadeiros guerreiros e heróis numa batalha, às vezes desesperada, para salvarem muitas pessoas em estado grave ou quase sem vida.

Já os psicólogos clínicos estão na comissão de fundo: não para o trabalho de salvar vidas, mas para outro trabalho, o de acolher vidas. Eles acolhem as pessoas que sofrem, tanto aqueles afetados pela doença, quanto os que sofrem pela doença do outro. Ou seja, o psicólogo se constitui como fundo para que as pessoas que procuram por socorro se constituam como figura. E a ajuda precisa acontecer da forma que for solicitada, no momento dado, na perspectiva do próprio sujeito. Portanto, deverá ser um atendimento muito focado na possibilidade e na demanda do ser que se mostra.

Paradoxalmente, tem sido muito frequente a busca de suporte terapêutico por muitos profissionais médicos e/ou enfermeiros, que estão à frente desse pesado trabalho de "salvar vidas". O psicoterapeuta pode se oferecer e tem sido suporte para esses profissionais que estão exaustos e sofridos, mas não podem parar. Para isso, o psicólogo deve estar preparado para acolher, não os doentes, mas as pessoas que estão sofrendo ao serem acometidas por transtornos ou por doenças. Mesmo estando também sofrido, deve ter clareza de que esse espaço terapêutico não é para seus problemas, mas para os seus pacientes. Nesse sentido, ele precisa se colocar entre parênteses, embora não negue seu próprio sofrimento. E, assim, a pessoa do psicoterapeuta se faz fundo para que o outro se torne figura. Ser para o outro ser. Nessa entrega, poderá se disponibilizar e acolher aquele que vem ao seu encontro, que é único, que é singular, tanto na sua dor quanto no pedido de socorro emocional.

A demanda pelo suporte terapêutico, ou pelo atendimento emergencial, aumentou consideravelmente neste tempo de pandemia. Em todas as idades, as pessoas estão buscando pelo atendimento presencial ou virtual. O psicoterapeuta, apesar de estar no mesmo contexto de crise, busca passar confiança e segurança para os seus pacientes. Ele precisa elaborar seus próprios medos, cuidar de si, tanto no aspecto físico, quanto no emocional, além de refletir sempre sobre seu posicionamento como ser no mundo, principalmente como um ser num mundo em pandemia. Também se faz necessário repensar a própria história e sua capacidade de enfretamento em todos os momentos difíceis, sobretudo quanto aos sofrimentos e perdas pelas quais já tenha passado. Quanto mais amplia a sua visão de vida, mais humano ele se torna, o que torna fundamental a conscientização de si na temporalidade vivida. Ele, o psicoterapeuta, também sofre em relação ao futuro e pode ser acometido por ansiedade diante de perspectivas negativas ou ameaçadoras, já que está exposto ao mesmo "incerto e obscuro" em que se encontram os seus pacientes. Somente se apropriando de suas reais possibilidades, poderá estar de fato com o outro e lhe dar a mão nessa caminhada que iniciarão. E então, o paciente poderá se sentir seguro com o profissional que escolheu para ser seu suporte e acompanhante de viagem pelo mundo interior, através do desvelamento de si, contando e ressignificando a história de sua vida. Nesse sentido, afirma Ribeiro (2019):

> O psicoterapeuta se coloca entre o passado e o futuro, convivendo simultaneamente num lugar chamado instante, onde passado e futuro se encontram,

> constituindo um presente transiente e concreto, e por onde a flecha do tempo passa na direção do futuro à busca de horizonte, e possibilidades, proclamando que todo ser humano é viável, dizendo: confia, vem, você pode! (p.112).

Não é fácil fazer esse passeio pelo tempo vivido. A entrega do paciente e o início de seu desvelamento podem ser difíceis e o seu caminhar pela história vivida depende de confiança. Logo, é essencial passar segurança, nascida no acolhimento, seja qual for a demanda da pessoa que procura ajuda para começar a sua viagem subjetiva.

Ao receber um paciente, não é possível saber a que veio, nem se será um atendimento episódico e emergencial ou se estará iniciando um processo terapêutico, sequencial. se estará trazendo uma situação que esteja experimentando no momento presente ou a sua temporalidade vivida no instante do agora. Aliás, a expressão aqui e agora compõe um conceito amplamente usado, tanto pela abordagem gestáltica, quanto pelos leigos, como sendo uma expressão que se refere somente ao tempo presente, como um convite ao ser humano para não se ater aos traumas, às mágoas e até ao sofrimento pelo qual passou. É uma expressão que, muitas vezes, está sendo usada equivocadamente e de forma reduzida, pois ela não se refere somente ao tempo presente.

O aqui é o lugar onde estou experimentando algo. O agora é o instante em que estou em experiência. Mas, sendo um todo, cada pessoa traz consigo a sua história (passado, presente e futuro). Em algum ponto da demanda interna, surge uma flecha que se direciona para o futuro, que pode ser o agora em experiência, ou pode ser o palco do futuro, que contém os sonhos, desejos e projetos, bem como os medos e ansiedades. O passado é, então, o fundo de onde emerge a figura, a qual se constitui no agora, quase sempre com projeção para o futuro. Cabe ao terapeuta dirigir seu olhar para o todo trazido pelo paciente, a fim de que possa ter uma visão mais abrangente da pessoa como ser-no-mundo.

A proposta não é diagnosticar ou rotular, mas compreender esse ser que se apresenta adoecido ou transtornado no momento presente. Pode ser que o seu relato se trate de um sentimento de medo, de um comprometimento psíquico ou de uma expressão de sofrimento existencial. Como afirma Cardoso (2019):

> O sofrimento por si só não é o mesmo que adoecimento ou sintoma, nem significa a existência de um quadro psicopatológico. Ele se refere a uma forma peculiar de ser afetado pelas situações difíceis, inerentes ao existir humano, que rompe o equilíbrio organísmico da pessoa de uma forma crítica (p. 81).

Neste momento de crise, torna-se mais frequente receber pessoas em sofrimento. Portanto, é importante acolher e escutar sem diagnosticá-las, para que elas possam se desvelar e revelar o que se passa em suas vidas; o que esteja provocando sofrimento agora. Lembrando sempre que não recebemos o doente e sim o ser que adoece ou que está sofrendo.

Nessa perspectiva, afirma Rodrigues (2006): "essas pessoas não estão ali para dizer o que todo mundo diz, nos procuram porque estão sofrendo, porque algo, de alguma forma, não está 'dando certo'; porque as suas referências e as suas verdades foram colocadas em xeque. Querem alternativas, soluções, respostas" (p. 15). É impossível para um psicoterapeuta dar respostas. Cabe a ele qualificar essa necessidade da pessoa que vem e ajudá-la na busca da compreensão de si, sem apaziguar conflitos, sem dar soluções ou direcionamento, buscando com ela as possibilidades reais e sua competência para escolher, decidir e dar sentido à própria vida.

Quando esse encontro terapêutico acontece em situação ou demanda emergencial, passível de limitar o aprofundamento, muitas pessoas, em estado de muito sofrimento somente conseguem expor o conteúdo atual, as questões provocadas pela vivência em crise, para o que estão pedindo desesperadamente alternativas ou soluções. Aí se pode dizer do agora, propriamente dito, mas com a vivência antecipada de futuro, que vem expressa numa busca de soluções.

Em se tratando de uma situação de urgência disparada pela pandemia, o atendimento virtual teve que ser acionado e praticado pelos profissionais que estão comprometidos com a assistência clínica, o que exigiu de todos uma adaptação e ressignificação, principalmente dos psicólogos mais antigos no exercício da profissão. Os mais jovens já estavam inseridos no mundo tecnológico. No entanto, os mais inexperientes quanto ao amparo às pessoas em emergência foram mais afetados por sentiram-se inseguros pelo sofrimento ou com o sofrer alheio. Enfim, o atendimento virtual é, evidentemente, muito diferente do atendimento presencial. Não é melhor nem pior, é diferente. Cabe ressaltar que, em alguns casos, ele pode ser inviável, por diversos motivos. Não é, portanto, uma modalidade que se aplica a qualquer pessoa. Mas o que é essencial em qualquer modalidade de atendimento é a entrega ao outro, é a presença.

O que é Presença?

Uma aluna, iniciante no exercício de sua profissão como psicoterapeuta, fez a seguinte pergunta: "O que é essencial em um consultório de psicoterapia?". A resposta foi imediata: o essencial é presença. O espaço destinado ao encontro psicoterápico pode ser decorado, simples ou requintado, confortável, iluminado, enfim, deve estar em acordo com a escolha e as possibilidades do profissional. Mas, o principal no consultório deve ser a presença.

Segundo Hycner (1997), "é muito difícil definir presença, mas muito fácil saber quando não tem" (p. 39). Para o autor, presença é estar por inteiro, com entrega, ao mesmo tempo com energia e serenidade, sem festividade. Assim, é necessário acolher a pessoa como se fosse em sua própria casa, na casa interior, no coração. Tal como uma paisagem acolhe, na gratuidade. Sem críticas, sem julgamento, sem festividade, com humanidade e amor. Cardella (2017) ressalta a importância do acolhimento que se passa através da presença, a que a autora denomina "morada". Ela afirma que "é importante que a relação terapêutica se configure como morada, que haja hospitalidade para que o paciente possa alcançar abertura e sustentação na instabilidade e na precariedade da condição humana..." (p. 78).

Podemos, assim, concluir que a efetividade de um encontro psicoterápico será garantida pela gratuidade da presença. Incrivelmente, este substantivo carrega consigo um significado extraordinariamente grande quando se fala de psicoterapia. Em nenhum outro contexto se faz tão forte.

Em se tratando de atendimento virtual, como se fazer presente?

Evidentemente, torna-se muito mais difícil ser presença, quando em atendimento online. A energia que se passa pelo corpo físico fica diminuída pela limitação da imagem fotográfica, às vezes só de rosto. Há uma perda da expressão que é passada pela linguagem corporal, pelo gesto e por tudo que naturalmente ocorre no "entre" duas pessoas. Há, também, uma perda da energia que transita no encontro presencial. Enfim, o terapeuta pode se fazer presente, mas não ser presença. É considerável, também, a ocorrência de algumas limitações emocionais, físicas e ambientais. Muitas pessoas mostram-se tímidas e desconfortáveis quando em diálogo virtual. Ficam desajeitadas, não conseguem entrar em contato com o terapeuta, muito menos consigo mesmas. Às vezes ficam fazendo perguntas soltas, talvez numa busca de "chão", de autossuporte. Outro aspecto que interfere muito é o ambiente. Estar dentro da própria casa, com pessoas se movimentando por perto, com barulho de conversas, crianças, animais, telefone, campainha, enfim, tudo que compõe seu ambiente particular, o que poderá inibir sua liberdade de se expressar. Considerável também pode ser o fato de estar desvelando muito de sua intimidade, até seu ambiente físico, mais rápido do que pode ou gostaria.

Por tudo isso, muitos pacientes não aceitam o atendimento online. Notadamente, aqueles que estão sofrendo em estado depressivo, com muita dificuldade de se expressarem, principalmente aqueles que nem tomam a iniciativa de procurar pela ajuda. Alguns são encaminhados por um parente até o psicoterapeuta, por não conseguirem tomar tal iniciativa. Esses pacientes, às vezes, encontram-se tão silenciosos que se torna quase impossível desenvolver um diálogo quando em proposta presencial. Mais difícil se torna, então, se a única possibilidade for virtual. Não aceitam ou não procuram pelo contato online. Evidentemente, a falta de privacidade em ambiente domiciliar interfere também para essas pessoas.

Alguns adolescentes também preferem atendimento presencial, pois não conseguem encontrar espaço seguro dentro de suas casas, principalmente por não confiarem nos familiares, já que eles sempre têm dificuldade de compartilhar seus segredos. Então, pode ficar inviável para eles conversarem com o psicoterapeuta. Como se comunicar sem privacidade?

Bem, diante de tantas modalidades inéditas, cabe ao terapeuta se adaptar e recriar seu modo de ser terapêutico.

Se a proposta teórica aponta para uma postura autêntica, não é possível "fazer o papel de terapeuta". Quanto mais espontâneo e natural estiver, mais sucesso terá no encontro. O que certamente requer o saber esperar. Como afirma Cardella (2009): "O encontro é obra da graça. Quantos de nós estão de fato dispostos a empreender esta jornada a um universo lento, interior, vulnerável, insólito e sem garantias de resultados?" (p. 41). Nesse sentido, cabe lembrar que esperamos, mas não sabemos o que acontecerá. Todo encontro é surpreendente. E, em se tratando de um momento de crise, portanto de muito sofrimento, mais inesperado será o que poderá acontecer a cada encontro.

Faz-se necessário manter uma postura coerente com a fundamentação filosófica escolhida. A escuta fenomenológica independe do espaço ou da tecnologia. Trata-se de um propósito de se oferecer ao outro, acolher e escutar o que ele tem a dizer, com a crença de que o fenômeno se mostra por si mesmo. Sim, a pessoa se mostra por si, no seu tempo, de acordo com a sua necessidade, suas possibilidades, seu jeito de ser.

Considerações Finais

Entre o real e o ideal, o que é possível? Ao refletirmos sobre as possibilidades da clínica psicoterápica em tempo de pandemia, enfatizamos o atendimento emergencial às pessoas em sofrimento pela ameaça de morte, bem como pelas diversas manifestações de conflitos existenciais e transtornos psíquicos. Não podemos deixar, no entanto, de pensar sobre os desafios, as impossibilidades e as limitações enfrentadas por um psicoterapeuta neste momento de crise. Somente se apropriando de seus limites, ele poderá estar mais inteiro e mais disponível para o outro e oferecer o que pode de fato e, então, fazer-se presente num estado de presença multidimensional, que somente o caminho da compaixão pode revelar. Esta pode ser entendida como sentir por ou sentir pelo outro.

Nessa perspectiva, afirma Arantes (2019): "Se eu for sentir a dor do outro, então não posso estar presente, pois será a minha dor. Quando tenho compaixão pela dor do outro, respeito essa dor, mas sei que não me pertence" (p. 100). Não é possível descrever a dor sentida por uma pessoa que acaba de perder um ou mais parentes por COVID-19. Seus relatos são acompanhados de muito choro, revolta, incredulidade e desespero. Sabe que o parente saiu de casa para o hospital, onde ficou isolado e de onde saiu sem ser visto. Tornou-se apenas um corpo envolto por um saco plástico, tal como um objeto, sem velório, e conduzido diretamente para um jazigo, sem realizar o rito do funeral. Com isso, pode surgir a dúvida: será ele mesmo o corpo que foi enterrado? Nesta situação, surge a questão sobre como o psicoterapeuta pode auxiliar seu cliente a elaborar esse luto.

O psicoterapeuta acompanha com empatia e compaixão essa expressão de dor, nada mais podendo fazer além de estar por inteiro para esse Ser. Como cuidar de uma pessoa em tal estado de sofrimento? O silêncio amoroso pode ser a única possibilidade nesse momento. Terminado o encontro, resta o voltar-se para si e se acolher. Certamente tocado pelo sofrer do outro, mas preenchido por um sentimento de entrega e doação. Por isso, mais humano, crescido por dentro e acrescido para a própria vida. Isso pode ser ilustrado nas palavras de Arantes (2019): "É só pela consciência da morte que nos apressamos em construir esse ser que deveríamos ser" (p. 77).

Referências

ARANTES, A. C. *A morte é um dia que vale a pena viver.* Rio de Janeiro: Sextante, 2019.

CARDELLA, B. H. *Laços e Nós*. São Paulo: Ágora, 2009.

CARDELLA, B. H. *De Volta para Casa. Ética e Poética na Clínica Contemporânea*. Amparo, São Paulo: Foca, 2017.

CARDOSO, C. L. Sobre as dores do existir: uma introdução à psicopatologia em gestalt-terapia. Em: GIOVANETTI, J. P. & CARDOSO, C. L. (orgs.) *Sofrimento Humano e Cuidado Terapêutico*. Belo Horizonte: Artesã, 2019.

GINGER, S.; GINGER, A. *Gestalt, uma Terapia do Contato*. São Paulo: Summus, 1995.

HYCNER, R. A Base Dialógica. In: HYCNER, R. E JACOBS, L. *Relação e Cura em Gestalt-terapia*. São Paulo: Summus, 1997.

MILLER, M. V. O self e os outros erros: Uma meditação sobre a reflexividade e além. In: ROBINE, J. M. (org). *Self, uma polifonia de Gestalt -terapeutas contemporâneos*. São Paulo: Escuta, 2018.

MOREIRA, V. & SLOAN, T. *Personalidade, ideologia e psicopatologia crítica*. São Paulo: Escuta, 2002.

RIBEIRO, J.P. Sofrimento humano e o cuidado terapêutico. In: GIOVANETTI, J. P. & CARDOSO, C. L. (orgs.) *Sofrimento Humano e Cuidado Terapêutico*. Belo Horizonte: Artesã, 2019.

RIBEIRO, W. F. R. *Existência Essência*. São Paulo: Summus, 1998.

RODRIGUES, H. E. Relações entre a teoria de campo de Kurt Lewin e a Gestalt-terapia. In: FRAZÃO, L.M. & FUKUMITSU, K.O. (orgs.) *Gestalt-terapia fundamentos epistemológicos e influências filosóficas*. São Paulo: Summus, 2013.

RODRIGUES, J. T. *Terror, Medo e Pânico*. Rio de Janeiro: 7 Letras, 2006.

TAGORE, R. Colhendo frutos. In: KUBLER-ROSS, E. *Sobre a Morte e o Morrer*. São Paulo: Martins Fontes, 2017.

SCHWARCZ, L. M & STARLING, H. M. *A bailarina da morte: a gripe espanhola no Brasil*. São Paulo: Companhia das Letras, 2020.

5

Considerações acerca da prática psicoterápica online

Ari Rehfeld

Pretendo aqui fazer um voo panorâmico e pensar com vocês um posicionamento profissional frente à nossa situação atual. Minha proposta é que seja uma reflexão em constante diálogo com a prática, pois a baseio na minha experiência clínica. Mais especificamente, refiro-me a grupos online na modalidade de psicoterapia para pacientes considerados graves na clínica psicológica da PUC.

Esse grupo não tem um caráter pedagógico, é um serviço da clínica; eu entro como psicólogo e sou acompanhado por dois ex-alunos, que mantêm vínculo com a PUC, como observadores e, de algum modo, coterapeutas também. Os pacientes são considerados graves pela clínica, mas, a mim, não parecem tão graves assim, até o contrário; são pacientes interessantíssimos. É um grupo pelo qual eu tenho um carinho enorme. Baseio-me também nos meus cinco grupos de supervisão — dois na PUC e três no consultório — e em informes e discussões na clínica, onde ocorrem 12 mil atendimentos por ano. Por fim, meus pacientes particulares no consultório também são uma importante fonte para as reflexões a seguir.

Muito já se falou sobre a atualidade. Todos os dias, artigos, jornais, televisão etc. falam sobre o assunto. O que eu posso afirmar é que me parece que este evento que passamos é histórico. Nossos netos e descendentes vão estudá-lo, assim como já estudamos a peste bubônica ou a gripe espanhola. Nós estamos no meio de um grande vendaval e, justamente por estarmos no meio dele, não no fim, ainda não temos a possibilidade de fazer uma leitura de caráter histórico. Precisaríamos, para isto, de um distanciamento temporal, mas nós estamos analisando a partir do meio desse furacão. Então, eu quero apresentar algumas dimensões, alguns aspectos e consequências de como podemos cuidar e lidar com isso, sem ter a pretensão de esgotá-los.

Inicio lembrando que quando a epidemia começou, em um primeiro momento na China, e em um segundo momento na Europa, muito se dizia que não chegaria ao Brasil. Dizia-se que o vírus precisaria do frio e nosso país é quente; que talvez nem chegasse ou que chegaria muito fraquinho. Depois que chegou, falou-se que seria rápido, que duraria dois meses. Hoje, já estamos há um ano e meio nessa história e, aparentemente, ela continuará por um bom tempo. Há várias questões que não conhecemos plenamente; há discursos em diversas direções.

A pandemia de COVID-19 tem promovido a presença da morte constantemente (Rehfeld, 2000). Na verdade, essa é nossa condição humana, nós sempre sabemos que nosso tempo é finito e que todo dia é um dia a menos em relação ao ponto de chegada (Heidegger, 1927/2012; Werle, 2003). Nós temos uma relativa consciência disso. Mas o que tem mudado é que muitas vezes esquecemos, não ficamos o tempo todo só numa perspectiva mórbida pensando na morte. Nós vemos um filme, lemos um livro, conversamos animadamente com alguém... Mas agora está um pouco mais difícil; a morte está constantemente aí. Não só a minha morte, mas a morte de gente querida. Não somente eu morrer, mas também eu matar, ou seja, eu ser responsável pela transmissão de um vírus que pode matar o outro. E eu matar é complicado.

A constante presença da morte é bastante complicada. Aponta o que nós já sabemos, mas enfatiza a nossa transitoriedade neste mundo e a nossa fragilidade. Impede que escondamos a morte, como muitas vezes fazíamos.

Ressalto também um sentimento de orfandade. Falta-nos um governo, temos um desgoverno. Parece que está mais presente, do ponto de vista da política, a eleição de 2022 do que uma preocupação com a nossa condição de hoje e o bem maior para a população. E isso nos deixa desamparados, sentindo-nos órfãos.

Como resultado, temos aumento de depressão, ansiedade, medos — especificamente medo de contaminação —, fobias, estresse, insônia. Aumentam irritabilidade, pânico. Aparecem tédio, raiva, sentimento de perda de liberdade, solidão, perdas econômicas, perda de qualidade de vida, seja pelas perdas econômicas, seja pelo confinamento. Manifestam-se problemas conjugais e problemas familiares. Temos pensamentos negativos. Ocorrem vivências traumáticas, como quem passa pelo processo de intubação, por exemplo. Vivenciamos luto por pessoas distantes e conhecidas, que morrem diariamente.

Eu tenho, no consultório, várias falas de pacientes dizendo que têm constantemente a vontade de chorar. Há perda de interesse pela vida, inclusive ideação suicida, perda de desejo — sexual e em geral. Os problemas crônicos enfrentam uma piora, inclusive porque o tratamento fica dificultado. Evita-se ir ao hospital, a médicos, dentistas. Fica-se muito tempo em casa, não se faz tanto exercício e isso acarreta mais problemas fisiológicos. Aumentam distúrbios alimentares e pânico, irritabilidade, desconforto[1]. Ou seja, vivemos uma mudança radical de modo de vida.

Então, a condição humana está batendo inexoravelmente à porta, como propõe Holzhey-Kunz (2018). Repito, sempre foi assim, mas agora é o tempo todo, o tempo inteiro estou com isso presente. Fica mais difícil a vivência inautêntica, encobridora de minha condição humana.

Somos pessoas gregárias e, ao mesmo tempo, o outro se apresenta como perigo; o outro que era colo, afeto, carícia, abraço, beijo, apresenta-se como ameaça. Os obstáculos à socialização têm sido acirrados, quem tem dificuldade de socializar, nessa condição tem essa dificuldade ampliada. Percebemo-nos como dependentes dos outros, mas dependentes no mau sentido, isto é, de que somos dependentes de médicos, de equipamentos, de vacinas, de políticas de saúde. E aí vêm difíceis perguntas éticas, como quem deveria ter prioridade para ser vacinado antes.

Todos esses sofrimentos, preocupações e questões vêm para o consultório, seja *online*, seja presencial. A situação *online* é muito interessante. Por um lado, nós temos reduzidas as nossas capacidades de sensibilidade quando estamos em uma telinha. Ao mesmo tempo, entramos na casa das pessoas, vemos o que está pendurado na parede. Há uma intimidade ao entrar no quarto de alguém.

Modos possíveis de enfrentamento da pandemia

Eu queria, primeiro, dar algumas sugestões de como lidar concretamente com isso. Sugestões em geral, não somente como psicólogo ou psicoterapeuta.

[1] Pesquisas convergentes com estas análises têm sido publicados desde meados de 2020. Cf. Zhang, Wu, Wu & Zhang (2020), Crepaldi, Bolze, Neiva-Silva & Demenech (2020) e Maia & Dias (2020).

1) *Desenvolvimento e estimulação do altruísmo.* Existem vários estudos que mostram que o universo e a natureza são altruístas, a relação entre as árvores em uma floresta é altruísta, o modo de relação da grande maioria dos animais entre eles é altruísta. Os animais, em geral, matam para comer. Eles não destroem, efetivamente, direto todas as coisas. E assim funciona também no microcosmo, como, por exemplo, o nosso corpo. Este pode ser comparado com uma galáxia; nós temos em média 37 trilhões de células, que se relacionam uma com as outras, em geral, de um modo harmônico. Nós temos mais ou menos 20 bilhões de bactérias, que, em geral, se relacionam de um modo construtivo com as diversas células e as outras bactérias. Às vezes não, às vezes nós temos um câncer. Um câncer seria uma forma egoísta da célula, que não leva mais em consideração seu entorno e que fica muito semelhante à maioria dos nossos políticos, simplesmente querendo crescer por si próprios. Por isso também é possível pensar o homem como o câncer da natureza: ele destrói a natureza com fins muito pequenos e muito imediatos, com pouco compromisso com as novas gerações.

Mas voltando para o micro, voltando para o paciente lá no consultório. A vivência daquele que faz um trabalho em prol do outro, aquele que de algum modo cuida do outro, é extremamente enriquecedora. Quem faz um trabalho beneficente ou filantrópico, por exemplo, ou que cuida do outro, de algum modo, sente-se nutrido, útil, importante. E se você é importante, você sente que faz uma diferença e ajuda o seu meio e se sente pertinente ou fazendo parte de uma comunidade.

Irvin Yalom (Yalom & Leszcz, 2005), no seu compêndio sobre terapia de grupo, indica 11 fatores terapêuticos da psicoterapia de grupo, dentre os quais o altruísmo. Ele explica e apresenta pesquisas que corroboram que os membros de um grupo terapêutico ganham por darem ajuda, além de a receber. Para ele, o altruísmo é possibilidade de transcender-se a si mesmo. Explica Yalom:

> Nos grupos de terapia, [...] os membros ganham por darem, não apenas por receberem ajuda como parte da sequência recíproca de dar e receber, mas também por se beneficiarem com algo que é intrínseco ao ato de dar. Muitos pacientes psiquiátricos que começam uma terapia estão desmoralizados e possuem um sentido profundo de não ter nada de valor para oferecer aos outros. Eles há muito se consideram um fardo, e a experiência de descobrir que podem ser importantes para outras pessoas é renovadora e aumenta sua autoestima (p. 32).

A potência do altruísmo é verdadeira em todos os âmbitos da vida, não só na terapia de grupo.

O sociólogo Ferdinand Tönnies (1887/2001) fez uma distinção muito interessante entre comunidade [*Gemeinschaft*] e sociedade [*Gesellschaft*]. Ele apresenta:

> Todos os tipos de convivência social que sejam familiares, confortáveis e exclusivas devem ser entendidos como pertencentes à comunidade [*Gemeinschaft*]. Sociedade [*Gesellschaft*] significa vida na esfera pública, no mundo exterior. Na comunidade, estamos unidos com nosso próprio povo, para o bem ou para o mal, desde o momento de nosso nascimento. Vamos para a sociedade como se fosse uma terra estrangeira (p. 18).

Adiante, conclui que "a comunidade deve ser entendida como um organismo vivo em seu próprio direito, enquanto a sociedade é um agregado e artefato mecânicos" (p. 19). A sociedade tem por finalidade o lucro; uma sociedade que se mostra não lucrativa ou deficitária, desaparece. A comunidade, por sua vez, tem como finalidade última manter-se viva. Então, as pessoas cuidam porque a comunidade é importante para elas e, assim, elas trabalham no sentido de fazer com que permaneça viva com seus ideais, suas práticas e seus objetivos. Esse sentimento de fazer parte de um grupo, de fazer parte de uma comunidade, faz um bem enorme. Lida, ao menos parcialmente, com o tédio e com a solidão. Também a solidão e a depressão podem ser reduzidas ou até, eventualmente, resolvidas, no momento em que eu percebo que posso ajudar o outro.

2) *Reconhecer o isolamento e conversar sobre o assunto.* Muitas pessoas têm vergonha da sua situação e não falam com o outro, não conversam com o outro, não contam, por exemplo, da sua vontade de chorar. Isso pode aparecer na terapia com o psicólogo, mas não aparece, em geral, na sua relação com os amigos. Na mídia social, Facebook, Instagram etc. parece todo mundo alegre, feliz, cantando, animado. Mas não é essa a realidade efetiva e a gente percebe isso no consultório. Não estou dizendo que não haja felicidade. Mas a felicidade é episódica, momentânea; é uma ilha no oceano, não o oceano inteiro. Ela é fugaz; desaparece e se dissolve. Então, conversar sobre o assunto é fundamental.

3) *Apoio, dar apoio e procurar apoio preventivo.* E também, dependendo do caso, uma intervenção precoce. Não é tratamento precoce, não tem nada a ver com medicação. É não deixar a coisa crescer muito antes de tomar alguma providência. É cuidar de si, cuidar do seu corpo, cuidar da sua alma. Formar um grupo de leitura, por exemplo. Ou assistir o mesmo filme que amigos e se reunir (virtualmente) para comentar ou mesmo encontrar amigos para jantar,

cada um em sua casa, conversando pela internet. Isso é extremamente prazeroso!

4) *Contato com a natureza.* Contato com a natureza é fantástico e extremamente importante. A natureza te dá um tempo de vivência muito distinto do que a sua ansiedade. Evidentemente, quando se fala em natureza, não é necessariamente entrar na mata, na selva. Às vezes, pode ser dentro do seu apartamento, acompanhar o desenvolvimento de uma florzinha no vaso, mas ter contato com a natureza.

5) *Criar uma rotina.* Eu tenho pacientes que estão sem ter o que fazer, olhando o teto, desesperados. E tenho pacientes que, por sua própria condição, por exemplo, têm filhos pequenos e ainda trabalham *online*. Então, eles têm que cuidar dos filhos, dar de comer, levar para o banheiro e ainda trabalhar. Essas pessoas, apesar de estarem esgotadas, passam melhor do que aquelas que estão olhando o teto ou a parede. Criar uma rotina pode ser muito interessante. Tenho outro paciente, alto executivo numa grande empresa, que antes da pandemia estava sempre viajando e que descobriu prazer em cuidar da casa e dos filhos.

6) *Construção de um projeto de vida.* Se você olhar a história dos diversos confinamentos dos seres humanos, seja nas prisões, seja em campos de concentração, sobreviveram melhor aqueles que construíram um projeto. O indivíduo que está na prisão e só olha as paredes acaba tendo vontade de bater a cabeça nelas. O outro começa a construir um romance, escrever um livro, pensa em cada um dos seus personagens, complexifica, pensa na história e constrói mentalmente, sem escrever um livro. Quando sai da prisão, tem um livro pronto, aí é só pôr no papel. Joga xadrez, cria uma abertura nova, ou um final novo, uma estratégia nova... as possibilidades são muitas. Frankl baseou sua Logoterapia nessa compreensão. Analisando reclusos de campos de concentração, Frankl

(2019) descobriu que sucumbiam aqueles que se rendiam, entregavam "pontos espiritual e humanamente. Mas somente entregava os pontos aquele que não tinha mais em que se segurar interiormente" (p. 93). O que mantinha vivos os prisioneiros era a perspectiva de um futuro.

> A pessoa cuja situação não permite prever um final de uma forma provisória de existência também não consegue viver em função de um alvo. Ela também não consegue mais existir voltada para o futuro, como o faz a pessoa numa existência normal. Concomitantemente, altera-se toda a estrutura de sua vida interior (Frankl, 2019, p. 94).

Construir um projeto apesar do confinamento pode ser extremamente interessante. Aliás, o confinamento dá a oportunidade de se ter mais tempo consigo mesmo, de fazer-se perguntas e pode reconhecer suas necessidades e lidar com elas.

Todas essas mudanças também possibilitam sair daquela mesmice em que se estava acostumado como que por inércia.

Eu estou enfatizando isto, porque o vírus pode ser muito perigoso, mas às vezes, a nossa mente pode ser mais letal que o vírus.

Psicoterapia e compreensão

Agora, consideremos quem é o psicólogo no imaginário do paciente. A resposta vai depender do grau de apropriação de si mesmo de cada um. Alguns pacientes precisam de colo, no sentido arquetipicamente maternal. Outros, com mais clareza de sua condição finita, buscam algo mais sofisticado na psicoterapia: identificar ou construir um sentido para a sua existência. Ambos esperam do terapeuta um indivíduo seguro, posicionado, calmo e acolhedor. É o que na Psicanálise chama-se "transferência". Isso torna o terapeuta alguém poderoso, principalmente se ele for o único contato que esse paciente tem efetivamente, isto é, a única pessoa com quem ele conversa. Não é muito comum esta situação. Espera-se deste terapeuta que ele possa substituir um estado ou, eventualmente, uma família errática e confusa.

Esse psicólogo imaginário pode produzir duas verdades antagônicas: segurança, por ser alguém tão poderoso capaz de acolher e, simultaneamente, um sentimento de pequenez frente a esse poder e às adversidades. É difícil a tarefa de ser terapeuta! Se o terapeuta tiver feridas narcísicas, pode facilmente se identificar com esse poder imaginado ou imaginário, e isso trará dificuldades para o processo e para o terapeuta.

Fazendo um pequeno desvio agora, consideremos que o ícone mais forte da psicanálise foi o divã. Foi, no passado. O divã é tão forte que é praticamente associado a todo tipo de psicoterapia. Para onde foi o divã agora que estamos todos atendendo online? Acabou-se a Psicanálise? Não, pelo contrário! Saiu o emblemático da Psicanálise. A pandemia trouxe, de modo radical, a essência do processo psicanalítico, que não é o divã, é a relação. Para onde foi o tablado do Psicodrama? Como fica a dinâmica do Psicodrama? Acabou? Não! Ficou o essencial. Não é a batina que faz o padre. A pandemia, ao retirar o emblemático, reduz a psicoterapia ao essencial.

Um dos aspectos da relação online, a meu ver, é uma certa simetria, uma redução da distinção do poder. Quando um indivíduo vinha no meu consultório, presencialmente, de algum modo ele se desnudava ao trazer suas questões, e eu não. Eu falava sobre a nudez do outro. Isso cria uma diferença grande de poder, que é própria do trabalho psicoterápico.

Mas quando eu entro na casa dele e vejo o quadro na parede ou uma flor com um abajur, ele também está vendo a minha, está tendo contato com as minhas coisas. Abriu-se espaço para uma certa informalidade na relação terapeuta-paciente. E isso abre um pouco de espaço para o humano. Porque, antes de terapeuta e paciente, somos dois humanos nos relacionando. Então, evidentemente, não estamos em igualdade plena de poder, mas há uma aproximação nesse sentido. E isso tem facilitado para o paciente perguntar coisas que, naquele outro ambiente, mais formal, talvez ele quisesse, mas não se sentisse capaz ou não sentisse disponibilidade por parte do terapeuta. Tem propiciado que, às vezes, o paciente cuide do terapeuta, por exemplo, perguntando, verdadeiramente, como ele está lidando com a pandemia.

Isso pode produzir uma profundidade muito maior na relação. Eu sempre defendi que o modo suave chega de modo mais economicamente ao fundo do que o fórceps. Se você força as coisas, promove resistência e fechamento do outro. A proximidade que a redução da terapia ao essencial tem propiciado pode facilitar muito um aprofundamento mais suave com coisas que são difíceis e doloridas.

E o que é psicoterapia, afinal? Numa perspectiva fenomenológico-existencial[2], é o exercício da *compreensão*. Esta não é uma mera disposição — "sou todo ouvidos". Também não é apenas uma aceitação incondicional; aliás, não é aceitação incondicional do Rogers. Também não é empatia. Mas então, do que se trata a compreensão?

Para responder, precisamos ter claro que o sofrimento legitima a intervenção psicoterápica. Sofrimento no sentido

[2] Incluo nesta expressão o analista existencial e a gestalt-terapia que se reconhece fenomenológico-existencial.

amplo do termo, que envolve tudo o que mencionei acima e muito mais. Implica sentimento de incompletude, de vazio, a necessidade de sermos mais do que estamos sendo e a percepção que somos menos do que gostaríamos de ser. Sofrimento, neste contexto, significa restrição de mundo. *Mundo* precisa ser entendido como conceito fenomenológico (Heidegger, 1927/2012), indicando como as coisas chegam a nós fenomenicamente, isto é, como as colorimos, sublinhamos e lhes damos significado. Isso ocorre em um âmbito de tempo vivido (*kairos*), que é diferentemente do tempo cronológico (*cronos*). A diferença entre os dois — *cronos* e *kairós* — fica visível quando se compara 10 minutos na cadeira do dentista com 10 minutos de um bom namoro. É que o relógio foi construído a partir da vivência em relação à natureza.

Do ponto de vista do vivido, podemos querer e não querer simultaneamente. Não somos lógicos, muito pelo contrário. Somos contraditórios, ambivalentes. Só a ciência encontra problemas nisso. Do ponto de vista do tempo vivido, o tempo passado somente é passado se estiver presente, senão não se teria acesso a ele. O mesmo vale para o espaço. Posso imaginar, sonhar, fantasiar que sou o ator principal numa peça de teatro, ao mesmo tempo que sou parte do público assistindo e estou fora do teatro, vendo a mim me assistindo lá no palco. Isso não é nenhum problema do ponto de vista do vivido; só o é para a ciência natural.

Na pandemia, essa restrição de mundo existencial fica agravada e agudizada por um confinamento espacial e por uma restrição muito grande no mundo relacional. Abraços, beijos, carícias, encontros, são sempre vistos como ameaça de morte. Morte minha, morte do outro e a minha eventual responsabilidade nisso. Esse confinamento produz muito sofrimento.

Considerações finais

Então o que nós terapeutas podemos fazer? Nós podemos buscar entrar no mundo do outro, olhar os diversos elementos que ali estão. Entrar no mundo do outro significa olhar com suas lentes, com seus óculos e ver os diversos elementos que compõem esse mundo e como eles se relacionam. Onde há harmonia, onde há curto-circuito e como se dão essas relações e, depois, voltar ao meu mundo, ao meu modo de enxergar e descrever esse modo de estar-aí. Isso, numa fenomenologia Husserliana, pode ser chamado de *presentificação.* Numa Gestalt-Terapia, pode ser chamado de *awareness. N*uma perspectiva mais Heideggeriana, podemos falar em desvelar meu modo-de-ser, modo de estar-aí no mundo.

Quando descrevo ao paciente o modo dele ser, naturalmente abrem-se novas possibilidades, porque ele percebe que o modo como está sendo é *um* modo, não *o único* modo. Essa percepção já areja, já alivia. Costumo sempre dizer: ninguém de fora tem legitimidade para dizer o que é melhor para o outro, nem mesmo o terapeuta para seu paciente. Cabe à pessoa essa decisão. A mudança que ocorre pode ser simplesmente a percepção de um novo sentido desse modo que estava aí. Isto não é monopólio da terapia fenomenológico-existencial. Isso é do humano. Eu penso que esse pode ser o modo do psicólogo lidar com esta situação que estamos vivendo.

Referências

CREPALDI, M., SCHMIDT, B. NOAL, D., BOLZE, S., & GABARRA, L. Terminalidade, morte e luto na pandemia de COVID-19: demandas psicológicas emergentes e implicações práticas. *Estudos de Psicologia*. Campinas, 37, 2020. Disponível em: <https://doi.org/10.1590/1982-0275202037e200090>.

FRANKL, V. *Em busca de sentido.* (45ª ed.) Petrópolis: Vozes, 2019.

HEIDEGGER, M. *Ser e Tempo*. Trad.: F. Castilho. Campinas, SP: Editora da Unicamp, 1927 / Petrópolis, RJ: Editora Vozes, 2012.

HOLZHEY-KUNZ, A. *Daseinsanálise: O olhar filosófico-existencial sobre o sofrimento psíquico e sua terapia*. Rio de Janeiro: Via Verita, 2018.

REHFELD, A. A Prática Clínica Fenomenológico-Existencial. *Revista de Gestalt,* São Paulo: Sedes Sapientiae, 2000. Recuperado de: <http://fenoegrupos.com.br/2010/03/28/a-pratica-clinica-fenomenologico-existencial/>.

MAIA, B. & DIAS, P. Ansiedade, depressão e estresse em estudantes universitários: o impacto da COVID-19. *Estudos de Psicologia*. Campinas, 37, 2020. Disponível em: <https://doi.org/10.1590/1982-0275202037e200067>.

TÖNNIES, F. *Community and Civil Society.* Trad. J. Harris; M. Hollis. Cambridge: Cambridge University Press, 1887/2001.

WERLE, M. A angústia, o nada e a morte em Heidegger. *Trans/Form/Ação*, 2003, *26*(1), 97-113. Disponível em: <https://doi.org/10.1590/S0101-31732003000100004>.

ZHANG, J.; WU, W.; WU, X.Z.; ZHANG, W. Recommended psychological crisis intervention response to the 2019 novel coronavirus pneumonia outbreak in China: a model of West China Hospital. *Precision Clinical Medicine, 3*(1), 2020, pp.3-8. Disponível em <https://doi.org/10.1093/pcmedi/pbaa006>.

6

Caminhando na Escuridão: o Cuidado do Psicoterapeuta em tempos de Pandemia

Beatriz Helena Paranhos Cardella

Eu sei dizer sem pudor que o escuro me ilumina.
MANOEL DE BARROS — *Memórias inventadas.*

Este ensaio, baseado na conferência on-line de mesmo título, apresentada no *Encontro Mineiro de Gestalt-terapia e Análise Existencial — 2021*, tem por objetivo abordar o Cuidado do psicoterapeuta em seu processo de formação continuada, assinalando algumas de suas dimensões.

O Cuidado é a vocação do psicoterapeuta. Acolher e sustentar o sofrimento humano, revelando a sabedoria e a força de vida presentes no sofrer é o chamado da existência para muitos de nós, uma convocação árdua e cheia de beleza. Sabemos que a alternância de cuidados, ou seja, a capacidade de cuidar e de ser cuidado, é condição de integração psíquica e lucidez sobre a verdade da condição humana.

Em tempos de pandemia, o chamado para cuidar é uma revelação diária e ainda mais difícil, já que estamos também em meio à tempestade de incertezas, aflições, perdas, traumas e lutos. Nós, psicoterapeutas, estamos também feridos e tentando sobreviver arduamente ao longo de quase um ano em quarentena, e com nossas vidas pessoais "viradas de cabeça para baixo" como qualquer pessoa.

Buscar a coragem diante do sofrimento humano (que também é nosso) e alguma serenidade para acolher nossos semelhantes é uma luta cotidiana, para honrar nosso ofício, para nos colocar em disponibilidade com alguma dignidade, já que muitas vezes nos sentamos em nossas poltronas e nos colocamos diante da tela, sofrendo.

Sabemos o custo da disponibilidade ao paciente em tantos momentos; vivemos angústias, perdas, separações, medos, desconsolo, desesperança, tristezas, dúvidas, e precisamos, em alguma medida, transformar o sofrimento, ou seja, nossa precariedade, em abertura ao outro, em possibilidade de encontro, compreensão, acolhimento e companhia. Por isso, o terapeuta também precisa ser cuidado.

É imprescindível que sejamos capazes de colocar nossa experiência a serviço do outro e da relação, o que muito nos exige. Paradoxalmente, recebemos da existência a possibilidade de viver relações profundas, significativas e íntimas com nossos pacientes. Eles nos ensinam sobre o sofrer, sobre o viver, e isso nos enriquece, nos amplia, nos aprofunda e nos torna mais ricos, humanos, humildes e amorosos.

É uma bênção compartilhar a grandeza do ser humano que se revela em meio à sua miséria, e testemunhar a sabedoria e a força de vida presentes no sofrimento, o que contribui para nosso processo de humanização. Nossos pacientes, embora não estejam lá para isso, nos curam e nos humanizam. Especialmente hoje, em tempos de pandemia. Como tenho aprendido e crescido com a coragem e a luta humana expressa no rosto de cada pessoa que acompanho! Cada sessão tem sido surpreendente e comovente.

A seguir, para ilustrar essa experiência, apresento uma passagem de uma sessão realizada recentemente.

Atendo uma paciente, há muitos anos, que é médica intensivista em hospitais públicos e privados de São Paulo. Mulher batalhadora, honesta, digna e amante de seu ofício. Uma médica vocacionada.

Sempre a admirei e não foram poucas as sessões nas quais compartilhamos os dramas por ela vividos nos plantões intermináveis, nas noites mal dormidas nos hospitais, na angústia de comunicar a uma família a morte de um ente querido, em seu medo de falhar, nas dúvidas existenciais, nos seus limites diante da finitude, da sua humanidade e fragilidade frente ao destino.

Seu heroísmo durante muito tempo a moveu e a machucou. E passou décadas para encontrar uma posição reconciliada entre a vida e a morte, entre o cuidado de si e do outro, entre o limite e o recurso, o desespero e a esperança.

Nesses tempos de pandemia, essa mulher encontra-se na linha de frente das salas de emergência e UTIs. A cada sessão, oferece-me lições de coragem e sensibilidade humana. Sou testemunha de sua história viva num drama cotidiano.

Tem feito suas sessões *online*, dentro do carro, no estacionamento do hospital. Na fraca e entrecortada conexão, o brilho do seu espírito forte ilumina a tela e transcende qualquer palavra mal compreendida. Suas olheiras são profundas, sua expressão de cansaço é evidente e, a despeito de sua tensão e preocupação pelos pacientes, colegas, família e por si mesma, o chamado da vida para que ela mantenha sua chama acesa, tem uma força profunda.

Certo dia, no horário combinado, fiz a chamada de vídeo. Tocou, tocou e ela não respondeu. Aguardei um tempo e chamei de novo. Ela não respondeu. Comecei a ficar apreensiva. Fantasias me visitaram e o medo de que algo tivesse acontecido a ela me rondou com insistência.

Durante os longos minutos que se seguiram, comecei a imaginá-la nas UTIs, sendo contaminada pelo vírus. Temi e me afligi. Vale lembrar que ela raríssimamente faltou, em mais de quinze anos de terapia e, às vezes que o fez, avisou-me de alguma forma. Quinze minutos intermináveis se passaram e eu continuava sentada, olhando para a tela vazia. Quando estava pronta para desligar a câmera, ela chamou. Com o rosto "amassado", desculpou-se. Estava, mais uma vez, na garagem do hospital e, enquanto aguardava meu chamado, adormeceu no banco do carro. Disse que só de saber que iríamos nos encontrar, ela já descansava.

Nesse momento, eu me comovi.

Ali, a curadora que a habitava, ofertava-me mais uma profunda lição de coragem, dignidade e amor ao ofício. Além disso, expressava seu profundo anseio de encontrar companhia e viver por cinquenta minutos o seu próprio drama, encontrando um pouco de acolhimento e fôlego para continuar. Eu tentava dar a ela, mesmo em minha humilde capacidade, um ombro no qual ela pudesse chorar e recuperar o alento.

No final da sessão, eu disse a ela como me sentia e que eu queria tornar pessoal os aplausos das varandas do Brasil a uma médica e a um ser humano devotado a cuidar, colocando em risco a própria vida para salvar os demais. E que a aplaudia e agradecia por me ensinar o que era humanidade.

Nesse momento ela chorou. Por muito tempo. A sessão se prolongou, e ficamos as duas ali, em silêncio diante das suas lágrimas, que também eram as minhas.

Quando se recompôs, agradeceu-me pelos longos anos de companhia e apoio. Disse que graças à terapia estava dando conta de viver esse momento. E que se lembrava, a todo instante, de uma sessão que tivemos há muitos anos, em que conversamos sobre a diferença entre ser uma heroína e uma guerreira. Que na altura de seus anos, a heroína tinha morrido, levando com ela a ilusão e a onipotência. Mas que da morte da heroína nasceu a guerreira, que sabe de suas limitações, dúvidas e angústias, e que, justamente por isso, pode acolher tanto sofrimento sem "endurecer" e confundir-se com as armaduras.

Disse que a despeito de todo cansaço, tensão e preocupação, estava calma e em paz. Que buscava fazer o possível para se preservar, manter sua saúde e cumprir o que era convocada a fazer, o seu destino.

Disse que sentia que estava no lugar certo, na hora certa e do jeito certo. E que sabia que o destino decidiria não só sobre a vida de seus pacientes, mas sobre a sua própria vida; que essa verdade, embora dolorosa, confortava-a. Porque ela podia ser apenas de seu próprio tamanho e fazer a sua parte com todo empenho e amor que era capaz.

Por fim, eu disse a ela que estava me ensinando a Fé, o gesto no escuro. Ela gostou da imagem: o gesto no escuro. E sorriu desperta, iluminando a tela escura na garagem do hospital.

Ao recordar essa experiência, imagino que compartilho com vocês, meus colegas, uma avalanche de sentimentos e impactos em nossas sessões nesse tempo de pandemia. Pacientes que faleceram, adoeceram, que perderam familiares; pacientes ansiosos, deprimidos, desesperançados. E nós, terapeutas, também em nossas vidas pessoais, estamos vivendo essas aflições.

Convivemos com pacientes que sobreviveram, que cuidaram de outros e de si mesmos, que se curaram, amadureceram, revelaram sua força, sua coragem, sua beleza e nos surpreenderam; o quanto essa humanidade que nos habita precisa ser acolhida e testemunhada, e que necessitamos, mais do que nunca, de companhia nesse percurso. Precisamos também, como cuidadores, de cuidado. Estamos em nosso plantão tentando preservar a vida humana, a vida da alma, o rosto humano, na linha de frente da pandemia.

A formação de um terapeuta é um processo contínuo, pois jamais estamos prontos; ninguém é especialista em experiência humana e sempre precisaremos retornar à consciência de principiante a cada sessão, a cada novo paciente, graças à sua singularidade. A ignorância é o lugar ético do psicoterapeuta e a humildade, sua posição.

Sabemos que a formação permanente implica três modalidades fundamentais, como a terapia pessoal, os grupos de estudos e pertencimento — o que inclui cursos, *workshops* e trabalhos de imersão —, além da supervisão. Os grupos de estudos e pertencimento são fundamentais não só para ganharmos conhecimentos, mas para nos dar sustentação e vivermos a possibilidade de compartilharmos as buscas e as angústias do ofício, já que o sigilo é característica da nossa profissão e não podemos compartilhar nossas experiências com outras pessoas. Mesmo mobilizados pelo encontro com nossos pacientes, permanecemos na solidão de nossa consciência. Podemos, sim, compartilhar experiências e contar com nossos colegas, que nesse contexto são nossos **cuidadores,** como terapeutas, supervisores e companheiros de grupo: nossa comunidade de destino.

Por isso, aqui, escolhi apresentar a Supervisão e a relação supervisor-aprendiz, um encontro entre colegas, como uma das possibilidades de Cuidado do psicoterapeuta, especialmente neste momento de crise que vivemos.

Observo que meus *supervisionandos* têm me procurado ao longo dessa jornada, especialmente em busca de sustentação e cuidado, o que é diferente de uma terapia, embora a supervisão possua uma vertente terapêutica. É imensa a responsabilidade de um supervisor neste momento, já que seu trabalho de cuidar do terapeuta pode ofertar uma contribuição à rede de Cuidados necessários ao campo.

Num texto escrito recentemente, *O supervisor-aprendiz e o acendedor de lampiões* (Cardella *in*: Suassuna, e Suassuna, no prelo), abordo o tema da Supervisão: suas diferentes dimensões, seus objetivos e a relação *supervisor-aprendiz* no processo contínuo de formação do psicoterapeuta. Aqui, nesta síntese, pretendo enfatizar a dimensão dialógica, de **Cuidado**, a relação significativa e o encontro, especialmente no momento atual.

Ao refletir sobre a supervisão em sua dimensão de Cuidado, as polaridades *velha/jovem* e *mestre/aprendiz* emergem em minha consciência e configuram-se como dimensões sempre presentes na experiência humana, desde o princípio, independentemente da idade cronológica. Tais polaridades se atualizam na relação supervisor-aprendiz e colocá-las em diálogo é fundamental para o processo de crescimento de ambos.

Encontrei na metáfora do acendedor de lampiões, uma possibilidade de reflexão e integração de dimensões presentes na relação supervisor-aprendiz a partir da memória do *vivido*:

> Minhas recordações do caminho percorrido como aprendiz e como supervisora são banhadas por uma luz tênue, como a da chama de um lampião, que paradoxalmente ilumina e esconde ao mesmo tempo, revelando e guardando a penumbra, o que precisa ser preservado, o que só pode ser contemplado ao es-

> curecer, como a luz da lua e das estrelas (Cardella *in*: Suassuna e Suassuna, no prelo).

Antes do acontecimento da energia elétrica, o ofício de acender lampiões era comum nas cidades. No crepúsculo, os acendedores de lampiões saiam às ruas, acendiam as chamas e, na aurora, reapareciam, as apagavam e a luz do sol inaugurava o dia. Como velhos e jovens, respectivamente, o acendedor de lampiões habitava crepúsculos e auroras, passagens, luz, escuridão, princípio e fim.

A metáfora é integradora dessas dimensões e nos permite refletir sobre a relação entre supervisor e aprendiz, nos recordando a possibilidade do principiante caminhar e enxergar na escuridão, uma experiência constante no trabalho clínico.

O psicoterapeuta, por saber de ofício, precisará mover-se, frequentemente, nos territórios do silêncio, do denso, do feminino, do intuitivo, do profundo, do poético: a chamada consciência lunar, noturna.

Em minha história pessoal, tal qual o acendedor de lampiões, meus supervisores me ajudaram a caminhar na penumbra, sustentando meus passos inseguros até o raiar do dia; favoreceram meu crescimento, como uma presença que possibilitou o percurso na noite sem iluminar excessivamente o caminho, criado e trilhado a partir de minha experiência.

O lampião iluminou, como uma chama bruxuleante, meus recursos, minhas obscuridades e limites; preservou-me da arrogância e da onipotência, ajudou-me a posicionar-me na ignorância e a recordar-me do chão, do húmus, o lugar ético do terapeuta *descalço* (Cardella, 2017).

Pelo exemplo, ensinaram-me a reverência ao rosto humano, mistério encarnado, e assinalaram a Clínica da Ética, sempre surpreendente, já que o ser humano não pode ser capturado, nomeado e iluminado integralmente por qualquer teoria.

A importância do estudo e do diálogo com a Teoria foi também enfatizada, assim como da coerência entre as diversas dimensões do trabalho clínico: epistemológica, filosófica, ética, teórica, técnica, estética e terapêutica. Ocuparam diferentes posições: professor, terapeuta, orientador, conselheiro, aprendiz, testemunha, companhia, interpelador, interlocutor, integrando essas dimensões, num espelhamento da Alteridade, uma forma de cuidado. E,

> Como supervisora, a tarefa de acender uma pequena luz nos caminhos dos Aprendizes que hoje acompanho, é colheita deste percurso. Talvez minha capacidade empática aliada à sensibilidade para compreender e acolher as agruras dos inícios e à reverência ao que ignoro e desconheço, seja uma das possibilidades de estabelecer um vínculo de confiança com os Aprendizes. Tenho a impressão que eles percebem que me interesso mais pelo que é *verdadeiro* do que pelo que é *certo*, mais pelas *perguntas* do que pelas *respostas*, acolhendo diferentes possibilidades de compreensão, considerando que minha perspectiva é apenas e tão somente **uma** perspectiva possível. É mais uma *alter-visão* do que uma *super-visão* (Cardella *in*: Suassuna e Suassuna, no prelo).

Percebi ao longo de minha trajetória como supervisora e como aprendiz que o supervisor, tal qual o acendedor de lampiões e ao mestre das Tradições Orientais e Xamânicas, tem por tarefa iluminar e inspirar o caminho do terapeuta principiante, auxiliando-o a caminhar entre a luz e a escuridão, honrando uma tradição e fazendo-o de modo próprio: transgredindo-a, traindo-a. O saber de ofício, a experiência, é a sustentação na tensão e no paradoxo da conservação e da mudança, é encarnação do conhecimento, tornando o saber representacional um saber tácito.

O que aproxima mestre e aprendiz é a abertura ao que não sabem: ambos são pergunta encarnada, comunidade de destino. O mestre é sempre aprendiz, é o principiante numa nova posição, numa nova consciência e o aprendiz é habitado por potencialidades, que precisam ser atualizadas e realizadas em seu percurso pessoal e profissional, para tornar-se mestre. O aprendiz, quando posicionado na abertura, empreende sua busca pelo mestre, pressentindo-o em seu horizonte, atualizando o futuro de si mesmo.

Na relação, o mestre é experiência de lugar e confiança, abrindo a esperança do aprendiz, o horizonte de si e, ao sustentar a esperança de seu supervisionando, o supervisor realiza o Cuidado Ético, enraíza-o na comunidade.

O aprendiz, quando alcança a possibilidade de posicionar-se na Tradição de modo pessoal, ou seja, quando transita entre as polaridades da conservação e da mudança, quando integra de modo singular as polaridades da tradição e da traição, torna-se mestre.

Nas Tradições Ancestrais, o mestre ilumina o caminho escuro do aprendiz, que precisa alcançar a coragem de enfrentar riscos, mirando a lua, reverenciando o mistério do fogo, da noite, do dia, das passagens.

O aprendiz precisa trabalhar incessantemente para honrar os mistérios, o que não pode ser dominado pela razão e, através da disciplina, criar artesanalmente o próprio lampião, encontrando-o em si mesmo. Precisa habitar e reconhecer o Mistério da existência, o que inclui o ***rosto humano***, que é paradoxalmente, penumbra e aparição. Esta posição ética é a disponibilidade para o Encontro, é a capacidade de colocar-se a serviço do outro, seja dia seja noite no acontecer humano. O supervisor, como o acendedor de lampiões, habita essas fronteiras e inspira a trajetória do aprendiz.

Nesse estudo sobre a Supervisão, mencionei a importância do Modelo Oriental para nos ajudar a compreender as dimensões da experiência e da relação supervisor-aprendiz.

Em Gestalt-terapia, é conhecida a influência do Pensamento Oriental na construção da Abordagem e em diversos conceitos e concepções, como por exemplo a Teoria Paradoxal da Mudança, o Pensamento Diferencial, a *Awareness*, as Polaridades, entre outros.

Nas Culturas orientais a relação entre mestre e aprendiz é *diálogo*, ou seja, uma relação na qual a singularidade é honrada; ocorre a transmissão oral de ensinamentos de uma arte, ofício, ou prática espiritual, através da experiência, do encontro.

Observamos no Zen, no Budismo, no Taoísmo, no Judaísmo, no Hinduísmo, a relação entre mestre e aprendiz como caminho de aprendizado, transformação e ampliação da consciência. Na tradição judaica, raiz da Gestalt-terapia, rabino e discípulo estabelecem uma relação significativa, profunda e inspiradora para ambos, como nos recorda Martin Buber nas *Histórias do Rabi* (2012).

Nessas culturas, as práticas de transformação do *si mesmo*, acontecem como *relação*. Há busca de crescimento pessoal e ampliação da consciência e não apenas conhecimento representacional e acumulado.

O Modelo Oriental revela e nos recorda a Tradição e a Ancestralidade como dimensões do *ethos* humano, do campo, esquecidas na contemporaneidade e especialmente na cultura ocidental. O mestre encarna, atualiza e singulariza a sabedoria ancestral, colhida na história da Humanidade e inspira o jovem; auxilia-o a despertar a consciência de suas potencialidades em seu itinerário de transformação.

A Psicoterapia é um ofício e o supervisor, em geral, é um profissional reconhecido na comunidade como um mestre de seu ofício, o velho. Aqui, tomo a palavra em seu sentido originário: o velho é aquele que revela um espírito largo, profundo, grande e sábio.

Vivemos numa cultura que idealiza e idolatra o espírito jovem, o que exclui a Tradição e a confunde com o que é morto e ultrapassado, um esquecimento do humano, uma perda da consciência histórica, o que rouba o horizonte existencial do próprio jovem. A morte da Tradição, desenraiza o homem de seu *ethos*, desumanizando-o.

Nesse estudo, ao recordar-me do supervisor como um velho mestre, faço referência a dimensões da ancestralidade, polaridades e potências fundamentais no percurso humano: a sabedoria, a paciência, a história, a serenidade, a conservação, a consciência da finitude, a precariedade, a reflexão etc. O velho é inspiração para o jovem, recordando-o de princípios, de valores e de dimensões fundamentais da existência, seu horizonte. É o acendedor de lampiões que ilumina o percurso pelo lusco-fusco da experiência humana.

O *aprendiz/jovem*, revela as potências dos princípios, da inocência, da liberdade, da criatividade, da mudança, do entusiasmo, da curiosidade, do encantamento, entre outras, e recorda o velho de que tudo se transforma incessantemente. A consciência do iniciante se revela dimensão também fundamental: a consciência solar, primaveril, diurna.

Nessa dinâmica entre as polaridades, o velho em sua polaridade *jovem* é criativo, livre, capaz de recomeçar e viver inícios, acolhendo a ignorância, o não-saber; já o jovem, em sua polaridade *velho,* realiza a perseverança, a disciplina, a responsabilidade, a determinação, a organização, a paciência.

Em Gestalt-terapia consideramos o funcionamento saudável um fluxo entre diversas polaridades. E quando há dicotomia, cristalização em uma delas, pode se configurar, por exemplo, o que estudiosos do tema denominam de *velho senil* e *puer aeternus.* O *puer aeternus* se caracteriza pela irresponsabilidade, egocentrismo, instabilidade, superficialidade, arrogância, podendo comparecer no velho. Já o *velho senil* é caracterizado pela rigidez, pelo ressentimento, pelo orgulho, pelo autoritarismo etc., e pode se revelar também no jovem. Estabelecendo uma correlação, podemos observar que na relação de supervisão essa dinâmica de polaridades comparece e se atualiza no encontro.

Vale lembrar que o percurso humano é singular, inédito e, paradoxalmente, já trilhado por nossos ancestrais. A pessoa singulariza a Humanidade. A recordação da Ancestralidade é fundamental agora, especialmente em tempos de Pandemia. Nossos ancestrais sobreviveram a guerras, a pestes, à fome, ao isolamento e ao distanciamento. Essa consciência sustenta o caminho que empreendemos hoje, ilumina o porvir, enraíza os passos e abre nossa Esperança.

No contexto da Supervisão, observo que é papel do supervisor auxiliar o aprendiz para que este viva uma experiência de enraizamento na Tradição, na Sabedoria Ancestral acerca do ofício, na colheita dada pelo tempo, pelo vivido em comunidade humana, na qual a singularidade poderá florescer.

O aprendiz, quando pode viver o *nós existencial*, pertencendo a uma comunidade de destino, poderá alcançar um estilo próprio, pessoal, reposicionando o tradicional, recriando-o. Numa abordagem radicalmente relacional, como é a Gestalt-terapia, consideramos o estilo pessoal como dialógico, polifônico, que emerge diante do *outro.*

Na Supervisão, a ***relação*** é o centro do processo, o *entre*, a dimensão da alteridade. Nesse contexto, a Tradição precisa ser recriada, transformada. A Criação só pode emergir por um reposicionamento do tradicional, quando passado e futuro se atualizam no presente. Quando há cisão entre Tradição e Criação, o risco é o orgulho e a arrogância, tão comum na contemporaneidade, caracterizada pela fragmentação, pela polarização e por disputas de poder.

A integração tradição-criação, passado-futuro, conservação-mudança, é a dinâmica velho/jovem, mestre/aprendiz, na experiência humana, quando se atualizam no presente, um tempo vivo. Entretanto, observamos no mundo contemporâneo uma dicotomia entre essas polaridades e um empobrecimento de suas dimensões simbólicas.

> O ditado oriental "Se encontrar um Buda em seu caminho, mate-o", é muitas vezes mal compreendido. Durante a *Contra-cultura* houve uma ruptura com a noção de Tradição, o que trouxe avanços e retrocessos ao processo civilizacional, cultural e educacional, cujas influências positivas e negativas são observadas até os dias atuais. Se nos tornamos mais livres, estamos mais esquecidos das raízes, o que se configurou numa nova polarização. A consequência desta cisão é a perda do pertencimento, das raízes, dos significados, e consequentemente, da criatividade, do horizonte, do sentido. Um esquecimento do humano (CARDELLA *in*: SUASSUNA E SUASSUNA, no prelo).

A destruição **simbólica** da Tradição, seu **reposicionamento,** difere da destruição **literal,** seu **esquecimento**. No mundo contemporâneo vivemos esse esquecimento, através da morte do simbólico, do poético, do histórico e do tradicional. Essa problemática se configura nos *desenraizamentos*, na perda da memória do humano.

A dimensão ancestral e tradicional simbolizadas pelo mestre precisa ser encontrada, conhecida, assimilada e honrada pelo aprendiz, para reposicionar-se de forma ***pessoal*** diante do tradicional, um modo de *re-criar.*

Lembremos que a aprendizagem inclui os processos de introjeção, repetição e memorização, que são necessários, mas não suficientes, pois o aprendiz precisa **encarnar,** incorporar o saber acumulado, tornando-o saber tácito, um saber de ofício.

Nesse percurso, o mestre precisa "morrer", não inexistir ou ser esquecido, ser "destruído" simbolicamente, para voltar ao princípio transformado, dialogando e abraçando a morte, sendo superado pelo aprendiz, que "encontra" o mestre na própria interioridade.

Em Gestalt-terapia, o terapeuta é o seu próprio instrumento. Precisa conscientizar-se dessas forças presentes em seu modo de ser, apropriando-se de um saber de ofício e, paradoxalmente, integrando a consciência de principiante diante do Mistério do outro em si, diante de si e para além de si.

Como um acendedor de lampiões, que caminha na noite e precisa iluminar paradoxos, polaridades e dimensões do encontro humano, sempre presentes no ofício e na experiência, como por exemplo: o curador e o ferido, o velho e o jovem, a teoria e a experiência, o discurso representacional e o poético, a dimensão vertical e a horizontal, a fragilidade e a força, entre outras.

Na relação de Supervisão, o terapeuta pode encontrar companhia e cuidado. O cuidado na relação de Supervisão acontece como confiança e esperança, raiz e asa, tradição e criação. É um percurso compartilhado, de crescimento mútuo, de reciprocidade, na penumbra do desconhecido que é o encontro humano. A Supervisão é, acima de tudo, a experiência de um rosto humano que se faz companhia e nos recorda do fundamental sustentando o *vir-a-ser.*

Quando há companhia, a angústia da noite e o sofrimento podem ser sustentados e/ou atravessados. Há esperança.

Ao término de uma sessão de supervisão, em geral, o terapeuta se reposicionou diante das próprias questões, aprendendo gradualmente a enxergar na penumbra, abrindo o olhar para seus perigos e belezas. O aprendiz parte, levando maior familiaridade e estranheza no encontro humano; seu olhar é cada vez mais potente e seu coração aberto.

Isto significa que aprendeu, um pouco mais, a caminhar na noite, a aguardar o mistério da aurora e a se fazer companhia, ofertando um rosto humano para seu paciente. Volta ao húmus e pode, então, posicionar-se na humildade. Tornou-se um acendedor de lampiões. Encontrou, por obra da compaixão, o Mestre *em si*, o eterno aprendiz, habitante da luz e da sombra em sua morada e caminho humanos. E continua sua peregrinação, num diálogo sempre novo, perdendo-se e reencontrando-se na dança e nas estradas do tempo humano.

Nesse instante, posso voltar ao chão. Não sou mais necessária. Amanheceu.

Nossos olhos precisam se habituar a enxergar na noite, atravessá-la com coragem e descobrir adiante que, em seu mistério profundo, sempre desembocará no dia.

Referências

BARROS, M. *Memórias Inventadas*. São Paulo: Planeta do Brasil, 2010.

BUBER, M. *Histórias do Rabi*. São Paulo: Perspectiva, 2012.

CARDELLA, B. H. P. *De volta para casa*. Amparo, SP: Foca, 2017.

___________. O supervisor-aprendiz e o acendedor de lampiões. *In*: SUASSUNA, V. E SUASSUNA D. (org.). *Supervisão em Gestalt-terapia:o cuidado como figura*. Goiânia: Medbook, (no prelo).

7

Plantão Psicológico na Universidade em Tempos de Pandemia: Contribuições da Gestalt-terapia

Claudia Lins Cardoso

O presente texto tem como objetivo apresentar algumas reflexões acerca da sistematização do Plantão Psicológico à luz da Gestalt-terapia, conforme venho desenvolvendo no projeto de extensão "Plantão Psicológico no Serviço de Psicologia Aplicada (SPA)", do Departamento de Psicologia da Faculdade de Filosofia e Ciências Humanas da Universidade Federal de Minas Gerais, desde agosto de 2019, do qual sou subcoordenadora. Somos dois professores supervisionando 24 alunos do curso de graduação em Psicologia: o Prof. Dr. Paulo Evangelista orienta a partir dos alicerces teóricos da Análise Existencial e eu, da Gestalt-terapia.

É inegável que a pandemia vem causando impactos de diversas naturezas na vida de todos nós (às vezes, devastadores), em várias dimensões, além de ressaltar, de maneira inquestionável, a finitude humana para toda a população mundial, em um curtíssimo espaço de tempo. A experiência clínica mostra que a repercussão dessa atmosfera de insegurança, incertezas, isolamento social e morte, como não poderia deixar de ser, acarreta experiências de sofrimento emocional de amplo espectro, levando a um aumento considerável da busca por atendimento psicológico. E são considerações e reflexões acerca dessa experiência de oferecer o serviço de Plantão Psicológico às pessoas da comunidade universitária que solicitam ajuda em relação a uma situação que lhes causa sofrimento, bem como de supervisionar os alunos nessa modalidade de assistência clínica a partir dos referenciais da Gestalt-terapia, que me proponho a desenvolver neste texto.

O Plantão Psicológico

O Plantão Psicológico é uma proposta clínica original da Abordagem Centrada na Pessoa, baseada nas atitudes de congruência ou autenticidade, aceitação e compreensão empática, propostas por Carl Rogers, reconhecidas como necessárias ao crescimento e à autonomia da pessoa a partir de um ambiente facilitador. Caracteriza-se por um atendimento psicológico único (ainda que possa haver alguns retornos), no qual o psicólogo está à disposição para receber a pessoa no momento em que ela busca espontaneamente por ajuda em relação a uma determinada situação que lhe causa sofrimento. O plantonista tem como objetivos principais: acolher a pessoa em seu sofrimento; facilitar uma compreensão mais clara de si mesma no contexto problemático em que se encontra; auxiliá-la na elaboração de sua experiência, no contato com suas possibilidades e na busca de novos sentidos de suas vivências. Espera-se, com isso, contribuir para a conquista de novos recursos para lidar com a situação ou para a possibilidade de uma tomada de posição e de quais direções quer seguir. A qualidade da sua presença, sem julgamentos, e a oferta de uma escuta acolhedora, sensível e atenciosa, que propicie à pessoa se reconhecer em sua própria experiência e desvelar os sentidos implícitos nela, são características essenciais por parte do plantonista (Mahfoud, 1987, 2018; Souza & Farias, 2015; Tassinari & Durange, 2019).

Trata-se de um serviço com uma estrutura de funcionamento flexível, podendo ser ofertado em diversas instituições ou locais, em dias e horários pré-estabelecidos e adaptados para o surgimento da demanda espontânea, sem duração pré-determinada, com liberdade para que cliente e plantonista decidam conjuntamente o que julgarem pertinente como, por exemplo, o tempo do atendimento ou a possibilidade de um retorno. Para isso, este último deve estar disponível para experimentar o não-planejado, o imprevisível, estando de prontidão para se deixar afetar pela intensidade e pela singularidade de cada atendimento (Mahfoud, 2018; Souza & Farias, 2015; Tassinari & Durange, 2019).

Desde o seu início, houve uma expansão do Plantão Psicológico quanto aos locais nos quais ele vem sendo oferecido (escolas, universidades, hospitais, delegacias de mulheres, dentre outros) a partir, inclusive, de outros referenciais teóricos. Fundamentadas na perspectiva fenomenológico-existencial, Rebouças e Dutra (2015) ressaltam a necessidade de que a Psicologia amplie as modalidades clínicas voltadas para as novas demandas do homem contemporâneo, as quais solicitam do psicólogo uma postura de acolhimento e uma escuta que permitam a compreensão da pessoa a partir das suas experiências de mundo. Nesse sentido, propõem o Plantão Psicológico como uma prática clínica emergencial que busca acolher a pessoa no momento da crise, proporcionando a compreensão e a ressignificação do seu estar no mundo.

Por sua vez, Evangelista & Cardoso (2020) sustentam o Plantão Psicológico na perspectiva fenomenológico-existencial como uma modalidade da clínica que "lida com emergências psicológicas, mas no sentido de buscar um esclarecimento e uma destinação da ruptura na trama existencial; isto é, algo surgiu — *emergiu* (do latim *emērgo*, sair da água, levantar-se, mostrar-se) — na vida da pessoa exigindo uma nova articulação de sentido" (p.146).

O Plantão Psicológico não tem a pretensão de substituir a psicoterapia, mas pode promover as reflexões necessárias ao início de um processo psicoterapêutico. Entretanto, muitas vezes, um único atendimento é suficiente para que a pessoa consiga se reconhecer na sua experiência e problematizar sua situação de modo a elaborar e, eventualmente, amenizar seu sofrimento.

O Plantão Psicológico em Gestalt-terapia

Faz-se necessário ressaltar que ainda são incipientes as publicações acerca do Plantão Psicológico fundamentado na abordagem gestáltica, ainda que a sua prática esteja se ampliando nos mais variados contextos. Entretanto, Abel Guedes, um dos pioneiros da Gestalt-terapia no Brasil, em parceria com outros colegas, escreveu um artigo a partir de questionamentos acerca da psicoterapia (quanto ao seu alcance restrito em relação à população em geral, à sua função, ao fato de que alguns clientes se davam por satisfeitos após uma ou duas sessões, dentre outros) e da constatação de que os psicoterapeutas tinham um olhar "viciado" acerca da psicoterapia, considerando-a naturalmente, a única abordagem clínica para todos que buscavam ajuda psicológica (GUEDES et al, 1991). Então, a partir de encontros de reflexão regulares, os autores propuseram uma nova modalidade de atendimento a qual denominaram de "consulta avulsa", definida como:

> Um atendimento voltado para o momento atual da vida de cada um, visando assessorar situações específicas e contextualizadas, diferenciando-se da psicoterapia, que é um processo voltado para a dinâmica psicológica da pessoa. Tem como alvo o indivíduo que está com problemas e não o problemático, destinando-se dessa maneira, à pessoa que está atravessando crises, enfrentando conflitos no trabalho ou com a família, sentindo necessidade de esclarecimentos, orientação ou encaminhamento, passando por um momento de tomada de decisão ou também momentos onde sinta necessidade de confidenciar seus problemas (p. 61).

Assim, destacando o caráter de pronto atendimento psicológico sem agendamento prévio, a proposta do psicólogo na consulta avulsa era abordar a postura da pessoa frente à questão trazida, "acompanhando suas interrupções, seus significados, detectando possíveis *Gestanten* fixas, num movimento que vai dando contexto, contorno, fundo à figura em questão, que então, adquirindo nitidez, propicia condições para uma re-significação e uma re-organização" (p. 61). Ainda que eles não usassem a nomenclatura "Plantão Psicológico", entendo que nesta proposta encontramos a essência desta modalidade na perspectiva gestáltica.

Na revisão da literatura, o primeiro texto que encontrei sobre o Plantão Psicológico em Gestalt-terapia foi aquele escrito por Campos & Daltro (2015). Elas relatam uma experiência em supervisão de estágio no Serviço de Psicologia de uma faculdade particular e em uma Unidade de Saúde da Família, na qual são apresentadas várias modalidades de assistência psicológica na clínica ampliada à luz da Gestalt-terapia, dentre as quais o Plantão Psicológico.

As autoras descrevem como objetivos dessa modalidade: acolher a situação emergencial ou as vivências inacabadas trazidas pela pessoa; reconhecer a demanda descrita como parte de um contexto mais amplo; fortalecer o autossuporte do cliente de modo a possibilitar o enfrentamento, a ressignificação e a busca de soluções; e, finalmente, favorecer a ampliação do contato da pessoa consigo mesma através da expressão de sua experiência. Nesse sentido, foram ressaltadas como características essenciais aos plantonistas: saber ouvir de modo a ajudar a pessoa a organizar suas questões, estar presente, congruente e ser capaz de estabelecer o foco do trabalho a ser desenvolvido. Coerente com a perspectiva gestáltica, as autoras afirmam ainda que "muitas vezes, o trabalho foi de ajudar o cliente a sair da crise e poder alcançar um nível de integração que o permitisse ficar melhor nas suas necessidades e levar adiante o seu próprio desenvolvimento" (p.66).

Ao refletirem sobre a importância do Plantão Psicológico, Cardoso & Brandão (2017) o definem como uma modalidade da clínica ampliada cujo objetivo é oferecer suporte para pessoas ou grupos vítimas de emergências emocionais e de desastres pessoais ou sociais, os quais podem se encontrar em diversas situações de vulnerabilidade e de risco. Nessas circunstâncias, as autoras entendem que essas pessoas se encontram angustiadas e não conseguem reconhecer estratégias de esclarecimento, de resolução e de enfrentamento por não serem capazes de reconhecer as possibilidades existentes em seu contexto. Nesse sentido, o plantonista fundamentado na Gestalt-terapia deve atuar no sentido de ampliar o contato do cliente com suas vivências, bem como o suporte necessário para enfrentar a crise, mediante a descoberta de novas possibilidades de ser e de estar nessa situação. As autoras ressaltam, ainda, a possibilidade de o Plantão Psicológico se constituir em um serviço que evite o agravamento da queixa trazida, de modo a se tornar um adoecimento psíquico ou uma emergência emocional mais séria.

Soares (2019), ao descrever sua experiência de supervisão de estágio em um curso de graduação em Psicologia numa instituição particular de ensino, concebe o Plantão Psicológico Gestáltico como uma prática clínica que envolve: o acolhimento da queixa da pessoa e do seu pedido de atenção no momento da crise; a compreensão, por parte do plantonista, sobre como a pessoa percebe e lida com sua condição atual; o reconhecimento de quais recursos ela dispõe para se ajustar criativamente; e a problematização da experiência no aqui-e-agora do encontro, focalizando seus modos de existir. A autora define também a crise como a "emergência de *gestalten* abertas que buscam por fechamento" (p. 1006), compreendendo-a como uma forma de autorregulação organísmica, e ressalta a importância da presentificação da experiência da pessoa e da abordagem dialógica como essenciais nessa modalidade gestáltica de clínica ampliada.

O Plantão Psicológico na UFMG

Convidada a participar do projeto de extensão "O Plantão Psicológico no SPA" como subcoordenadora e como supervisora, a partir de agosto de 2019, experimentei também o desafio de sistematizar minhas reflexões e experiência nessa modalidade de modo a contribuir para a formação dos alunos, alguns dos quais no início do curso e sem qualquer experiência clínica.

Na metodologia implantada desde o início do projeto, os atendimentos são realizados por uma dupla de plantonistas (alunos da graduação) da seguinte maneira: eles atendem por um período (em torno de 45 minutos, podendo variar, em função da necessidade da pessoa ou da densidade do atendimento), convidam a pessoa a ficar um tempo sozinha refletindo sobre sua experiência a partir do atendimento, se retiram da sala (física, por ocasião do Plantão presencial, ou virtual, na modalidade online) e vão para a supervisão (comigo ou com o outro colega supervisor, dependendo do dia em que o atendimento ocorre). Após a supervisão, a dupla volta para a sala e retoma o atendimento perguntando sobre as reflexões da pessoa naquele breve intervalo. Em seguida, eles tecem suas considerações e questionamentos pertinentes em sintonia com o que foi conversado na supervisão e com as reflexões apresentadas por ela, e concluem o atendimento.

Em 2020, com o advento da pandemia de Coronavírus que assolou o planeta, também a comunidade da UFMG não ficou imune às suas consequências: vários professores e alunos que se encontravam em intercâmbio no exterior em março daquele ano solicitaram ajuda da reitoria, apresentando sofrimento emocional em várias intensidades. Consultados sobre a possibilidade de oferta do Plantão Psicológico para atender essa demanda, adequamos o projeto inicial para o formato online, criamos alguns protocolos para o atendimento virtual, ampliamos o grupo de alunos, incluindo alunos da Pós-graduação (*lato e stricto sensu*) e demos início a esse novo formato de assistência psicológica.

Em função da alta solicitação pelo serviço e da diversidade de fusos horários, os atendimentos passaram a ser agendados, perdendo, com isso, a característica do Plantão de prontidão, da assistência no momento da sua procura. Assim, surgiu um desdobramento do projeto inicial: o Aconselhamento Psicológico Online, ofertado a toda a comunidade acadêmica até julho de 2020.

Como supervisores, nós nos cadastramos previamente no CRP, de modo a estarmos aptos a realizarmos supervisão e atendimentos na modalidade online. Os alunos e servidores que buscavam o serviço eram atendidos por uma dupla de alunos e os professores, por um dos supervisores. Após o término, os plantonistas elaboravam um relatório contendo, além dos dados cadastrais, a análise do trabalho terapêutico realizado, em consonância com a orientação do CFP (CFP, 2019). A partir de agosto de 2020, com a retomada do semestre letivo, encerramos o Aconselhamento Psicológico Online e retomamos o Plantão Psicológico duas vezes por semana, desde então na modalidade online (Cardoso, 2020; Evangelista & Cardoso, 2020).

O Plantão Psicológico Online à luz da Gestalt-terapia

O Campo em tempos de pandemia de Coronavírus

A pandemia chegou de uma maneira surpreendentemente avassaladora no mundo todo, mostrando a nossa interconexão e a nossa finitude. Com o risco iminente de infecção e de morte — nossa e dos nossos próximos —, com o isolamento social, as diversas perdas e as restrições sofridas em consequência da pandemia revelam que estamos todos imersos em um campo de inseguranças e de incertezas, no qual as experiências de sofrimento e, em diversas situações, traumáticas, mostraram que muitos dos nossos valores e crenças não são mais válidos. Com isso, o fundo das nossas experiências, composto pelas certezas adquiridas nas nossas aprendizagens ao longo da vida, de onde emergem e que dão sustento às nossas figuras, está mais fragilizado e menos suportivo. E isso tem um impacto direto no nosso contato conosco, com os outros, com o tempo, com espaço e com nosso mundo próprio, gerando muito sofrimento (Brito, 2020; Cardoso, 2020; Rodrigues *et al.*, 2021).

Segundo a concepção de homem que sustenta todo o trabalho em Gestalt-terapia, somos gregários por natureza, somos seres em relação constante, somos seres de contato. Precisamos disso para nos constituirmos como pessoa, para desenvolvermos nossa identidade, nosso senso de "eu". E a pandemia revirou isso do avesso, pois atualmente não podemos mais nos relacionar como estávamos acostumados — presencialmente, tocando, abraçando, beijando — uma vez que essa ***é a principal forma de contágio da doença.*** Até mesmo o ar que respiramos pode ser uma ameaça. Isso vem causando um impacto muito grande no nosso vir-a-ser-no-mundo, gerando sofrimento experimentado de diversas maneiras e intensidades (Lobb, 2020).

Some-se a isso uma enchente de informações na mídia, uma intensa polarização política que parece alheia à catástrofe que estamos vivendo no país e no mundo, as *fake news*, o desamparo dos mais vulneráveis e as milhões de mortes em pouco mais de 1 ano, sendo milhares destas no Brasil. Mesmo nós, sobreviventes, não temos como passar imunes a essa tragédia mundial.

Ao considerar essas e outras situações típicas da pandemia de Coronavírus, Brito (2020) sustenta que estamos vivendo um quadro de choque coletivo muito específico (diferente, por exemplo, de tragédias naturais como tsunamis ou furacões), que ela conceitua como "trauma da gota d'água". Este se caracteriza por "situações que em si não se constituem como traumáticas, mas a contínua exposição às mesmas ou a um mesmo padrão de situações mina as defesas e tornam-se uma situação ou contexto traumático" (p. 17). Assim, ainda que a pessoa consiga se autorregular diante de um acontecimento, a sucessão incessante de eventos gera uma fragilidade e compromete o seu autossuporte, de modo que ela pode sucumbir.

Pensando sobre esse contexto clinicamente, a Gestalt-terapia oferece uma fundamentação teórica e filosófica que nos permite desenvolver uma compreensão dessa situação e propor algumas intervenções específicas. Ainda que o usual na nossa prática clínica seja a psicoterapia, que traz inegáveis e inestimáveis benefícios para quem opta por essa modalidade de atendimento, quero ressaltar aqui a potência e a eficácia do Plantão Psicológico, principalmente nesse tempo de pandemia. Ele não substitui, de forma alguma, o processo psicoterapêutico, mas é uma alternativa às práticas clínicas que merece ser ofertada, especialmente em instituições. Nesse sentido, discorro a seguir sobre minha proposta atual de Plantão Psicológico, conforme venho pensando e sistematizando à luz da Gestalt-terapia, ainda que muito do que vou expor tenha uma interface com outras modalidades clínicas.

Perls, Hefferline & Goodman (1997) ressaltaram que é pela assimilação do diferente que o organismo se desenvolve, ou seja, através do contato, entendido como a troca com o meio que promove mudança. Coerente com essa perspectiva, Andrade (2014) afirma: "O suporte é essencial para qualquer contato, e a sua falta desencadeia sentimentos e comportamentos disfuncionais, como ansiedade, vergonha, insegurança, rigidez, timidez, baixa autoestima e dependência do outro" (p. 148). E nesses tempos de pandemia, o contato é perigoso, virou risco de contaminação e de morte. E a atmosfera carregada enfraquece nosso autossuporte e heterossuporte.

No contexto da clínica psicológica, entendo que ajudar o outro a identificar as suas potências equivale a auxiliá-lo a reconhecer as suas raízes, a se apropriar e a validar a sua força, o seu fundo composto pelas experiências assimiladas, fortalecendo, assim, seu autossuporte. Este lhe dá sustento e o mantém de pé na travessia das intempéries da vida. Quando a pessoa reconhece suas raízes, ela desperta para a sua força pessoal e reconfigura a sua relação com seu mundo próprio, o que possui um efeito altamente terapêutico. E isso pode acontecer em um único atendimento de Plantão Psicológico, não para resolver uma situação, mas para gerar um certo grau de abertura da pessoa para novas possibilidades da sua existência e das situações vivenciadas.

Em trabalho anterior (Cardoso, 2020), afirmei que a pandemia está mobilizando a nossa existência em diversas dimensões, especialmente na nossa relação com o tempo, com o espaço, conosco e com os outros e que isso se traduz em crises de diversas naturezas, tais como ansiedade, dificuldades nos relacionamentos interpessoais e familiares, cobrança por produtividade acadêmica, solidão, depressão, dentre outros. Foi com essas e tantas outras formas de sofrimento que as pessoas da comunidade universitária chegaram pedindo ajuda no Plantão Psicológico. E ao me deparar com tanto sofrimento, uma pergunta esteve presente para mim o tempo todo: como o Plantão Psicológico, numa perspectiva gestáltica, pode ser útil, tanto no formato de atendimento presencial, quanto no online?

Francesetti (2021) se refere ao sofrimento numa perspectiva fenomenológico-gestáltica como um fenômeno que emerge da relação, fruto de uma ausência significativa, profundamente encarnado, dotado de sentido, de direção e extremamente entrelaçado com a raiz do nosso sentir. Ele não é abstrato, mas emerge na relação e só através de uma outra relação pode ser transformado: "O sofrimento é, portanto, uma ausência que busca outra carne para poder vir à luz e atravessar os vestígios da experiência não vivida, para assimilá-la" (p. 64). Em meio a tantas perdas no contexto de pandemia, torna-se muito evidente esse vínculo entre sofrimento e ausência.

Nesse sentido, proponho o Plantão Psicológico como:

> Um atendimento clínico que busca possibilitar a transformação do sofrimento vivido solitariamente em um diálogo acolhedor, o qual reconfigura a expressão da dor da pessoa em uma ampliação da percepção de si mesma. Ao facilitar a conscientização de si no seu mundo próprio, incluindo os diversos aspectos do campo no qual se encontra, o plantonista proporciona à pessoa o reconhecimento de suas potências, de suas possibilidades e de seus impasses, fortalecendo, portanto, seu autossuporte (Cardoso, 2020, pp. 229-230).

Por conseguinte, os plantonistas, através da sua presença, da escuta cuidadosa e da disponibilidade para o diálogo terapêutico, buscam criar um campo facilitador para que a pessoa possa desvelar o seu si mesmo e expressar a sua dor. Assim, a dor que nasceu na ausência, na falta, pode ser ressignificada a partir da ampliação da autopercepção promovida pelos questionamentos reflexivos e pela troca de afetos que ocorre no encontro, ainda que o encontro aconteça mediado pela tela do computador.

A Acolhida

Nesse momento atual, entendo o Plantão Psicológico como a oferta de um espaço para as pessoas, no caos da pandemia, no qual elas podem dar uma parada e compartilhar o peso que carregam, a fim de recuperar o fôlego para continuarem sua caminhada. Isso pode ser ilustrado através da imagem muito utilizada por nós na divulgação do Plantão Psicológico na universidade: a de uma árvore com uma copa larga que oferece uma sombra generosa a quem se propõe a descansar um pouco sob ela — a pausa necessária nas trilhas da existência.

Quadros, Cunha e Uziel (2020), ao refletirem sobre o acolhimento em tempos de pandemia, afirmam:

> Atuamos na fronteira onde o contato alcança novas dimensões sensoriais mediadas pelos dispositivos eletrônicos, o contágio se faz pelas trocas de ideias e emoções e o encontro se transforma em potência. Uma potência afirmativa que ratifica a noção de acolher como permanecer, estar presente, testemunhar, ficar, sustentar o momento e, portanto, produzir vida diante da possibilidade da perda e da morte, sem negá-las como possibilidade (p. 8).

Assim, a partir da queixa relatada pela pessoa, os plantonistas procuram assumir uma postura de acolhimento e de escuta que visa proporcionar um heterossuporte de modo a facilitar a descrição daquele fragmento de sua história que a aflige, incluindo a expressão do seu sofrimento, mas de modo que ela se reconheça e se aproprie de sua experiência no aqui e agora do encontro, mediante o foco da sua consciência intencional na figura emergente, plena de sentidos e despertando vivências.

A Afetividade

A partir da Teoria de Campo, um dos pilares da Gestalt-terapia, metaforicamente, compreendo a afetividade como o conjunto de fios que nos conectam às coisas do mundo, sejam elas palpáveis ou impalpáveis. Esses fios, que podem nos atar como laços ou como nós, têm cores diferentes e consistências distintas, nos mantendo vinculados às coisas do nosso mundo próprio. E eles estão carregados das tonalidades afetivas que dão o sentido dessa relação que estabelecemos e que nos movem em direção a ou na direção oposta de; despertam nosso desejo de aproximação ou de afastamento.

A riqueza e a complexidade de sermos humanos é que sempre estamos entrelaçados com as pessoas e com o mundo através das tonalidades afetivas, como uma diversidade de fios que, às vezes, parecem uma tessitura, um tecido, com uma multiplicidade cromática de afetos que ora combinam, ora destoam. Alguns desses fios são como cordas grossas, robustas e resistentes; outros são como lãs felpudas e macias; outros são fiapos frouxos e frágeis; uns ainda são como arames farpados, que machucam e cuja resistência os tornam difíceis de romper e impedem o nosso movimento. Há também os fios partidos...

Muitas vezes, esta tessitura nos dá apoio nas relações. Em outros momentos, há buracos e rompimentos nesse tecido que não suportam nem peso, nem movimento: requer estagnação para que a relação seja mantida com o mínimo de continuidade e sem a abertura para o contato pleno, a qual exige a ousadia do encontro com a novidade. Entendo serem as tramas e as tonalidades desses fios afetivos que dão ou deixam de dar sustento e sentido às nossas relações. Em tempos de pandemia, de isolamento social e de excesso de mundo virtual, as pessoas que buscam atendimento revelam um tecido de afetos fragilizado, com vários fios partidos e até esburacados.

Coerente com essa perspectiva, Soares (2019) define o Plantão Psicológico Gestáltico como:

> Uma prática tecida em fios de afetos, sensibilidades, responsabilidades e de consistência teórica — no sentido de que vem buscando responder às convocações do contemporâneo -, ampliando e fortalecendo

> as conexões da clínica e do social, fazendo proliferar outras versões de realidade através do mútuo suporte, e de modos de resistir ao que nos oprime e nos faz impotentes (p. 1009).

Assim, no Plantão Psicológico, proponho que os plantonistas devem buscar cocriar com a pessoa um campo propício para o reconhecimento de si, de suas potências, de facilitação do contato e de novos ajustamentos criativos. Para exercitar isso, inicialmente, procuro estimular os alunos a ficarem com a experiência da outra pessoa, ajudando-a a descrever os fenômenos que emergem no campo, o que é figura naquela história que ela conta e como ela é experienciada como uma situação inacabada no momento do atendimento. Esse é o exercício de convidar a pessoa a sair da atitude natural, definida por Husserl como aquela que toma o mundo como dado e que ignora a intencionalidade da consciência que atribui sentido a tudo, e a assumir a atitude fenomenológica, que convida a pessoa a se reconhecer na experiência a partir das tonalidades atribuídas às coisas do seu mundo próprio pelos fios dos afetos e, consequentemente, dos sentidos. Esse reconhecimento da experiência é o que permite a abertura necessária à expansão da fronteira de contato e à promoção do crescimento.

Os plantonistas não visam a mudança de comportamento da pessoa, nem pretendem dar soluções ou conselhos para os problemas enfrentados por ela, mas procuram ampliar a consciência dela acerca da situação narrada, acreditando plenamente que qualquer mudança na percepção emergirá como transformação no seu espaço vital e, consequentemente, permitirá fazer escolhas consideradas impossíveis anteriormente. A ação e as escolhas são da pessoa, e o diálogo terapêutico é a catalisação possível para a mudança, ainda que em um único encontro.

Por outro lado, como todo o trabalho terapêutico na Gestalt-terapia se fundamenta na perspectiva de campo, através de meus questionamentos na supervisão, convido os plantonistas a se reconhecerem como partes constituintes da totalidade do campo cocriado com a pessoa atendida. Como sustentam Gaffney & O'Neill (2013),

> a prática gestáltica significa o engajamento com uma variedade de eventos humanos problemáticos. E no centro desta prática, seu coração pulsante, está a perspectiva de campo: uma atitude, disposição ou capacidade de se engajar com o que está diante de nós, onde quer que estejamos e qualquer que seja nossa prática (p. XVI, tradução nossa).

Conforme Perls, Heferline & Goodman (1997) ressaltam na obra original da Gestalt-terapia, nada acontece aleatoriamente no campo, tudo está conectado de alguma forma. Nessa perspectiva holística, fenômenos individuais são propiciados pela totalidade do campo. E é nesse sentido que estimulo os plantonistas a ampliarem a sua percepção da pessoa e das suas dificuldades, para a ressonância que aquele encontro causa na pessoa deles. Costumo perguntar frequentemente a cada um: "O que te chama a atenção nessa pessoa?"; "Como você foi tocado por ela durante o atendimento?"; ou ainda "O que você experimenta agora quando me conta isso?". Às vezes, fica evidente o quanto eles confluem com a pessoa, até mesmo na forma como relatam o atendimento na supervisão, dando-me referências importantes nas considerações que vou oferecer a eles. Isso ocorre muitas vezes porque eles se identificam com as experiências decorrentes da pandemia expressas por aquela pessoa.

Essa perspectiva de campo me mostra algo muito relevante nas diversas formas de sofrimento reveladas no Plantão

Psicológico. Muitas vezes, ele se origina ou é amplificado pela desconexão da pessoa consigo e com seu ambiente. Ela "cria" um enredo existencial, como, por exemplo, antecipações catastróficas, e se fecha para outras possibilidades ou insiste em manter o seu projeto de vida no mesmo ritmo, como se não houvesse pandemia e, com isso, negando todas as suas consequências (por exemplo, superposição de *home office*, tarefas domésticas, cuidados com familiares, necessidade de ampliar a renda, dentre tantas outras).

Esse sofrimento, decorrente da desconexão com o campo, fica muito evidente também nas cobranças por produtividade acadêmica, queixa de um número estatisticamente considerável de pessoas. Elas cobram um ritmo de leituras, de pesquisas, de escrita, de realizações e apresentam sentimentos de culpa, de menos valia (especialmente quando se comparam a outros colegas), de raiva etc. por julgarem, muitas vezes, que não estão fazendo o que deveriam por simples preguiça. E, por se cobrarem um ideal de produtividade inatingível, desconsiderando as mudanças de fronteiras, desqualificam tudo o que fazem.

Foco no momento presente

Por ter como característica o atendimento único (com possibilidade de um ou outro retorno), o foco no presente tem importância significativa, uma vez que não há uma continuidade, como no processo psicoterapêutico. Isso implica em uma abordagem mais específica, pois todo o "processo terapêutico" ocorre, a princípio, em um único encontro.

Como o campo está pleno de inseguranças e há uma redução ou impedimento da liberdade de ir e vir, do contato com o círculo social e profissional, do heterossuporte (o que abala, consequentemente, o autossuporte de qualquer um), o futuro é experimentado no aqui-e-agora como extremamente ameaçador. Isso, frequentemente, é vivenciado como ansiedade: o presente pleno de um futuro catastrófico, o que agrava a experiência da pessoa porque ela sente seu autoapoio muito reduzido ou inexistente.

Na Gestalt-terapia, a ansiedade é concebida como decorrente do excitamento vivido sem suporte, podendo ser experimentada como ameaça à própria existência. Ela implica em expectativas catastróficas, pois decorre de uma tensão entre presente e futuro (Pinto, 2017).

Considerando-se todas as incertezas em relação ao futuro que a pandemia nos traz, em um presente pleno de riscos e de instabilidades, chacoalhando o nosso auto e heterossuporte, faz todo o sentido essa supremacia de experiências ansiosas na busca pelo Plantão Psicológico. Nesse caso, uma das intervenções possíveis é o plantonista convidar a pessoa a voltar-se para seu momento presente e a discriminar o que é "perigo real e imediato" do que é imaginação catastrófica. Ou seja, o foco deve ser, em um primeiro momento, o óbvio da situação, a fim de permitir que ela o diferencie de suas fantasias e antecipações.

Exercício de ajustamentos criativos

Nesses tempos de isolamento social e de stress, com a pandemia impondo restrições nunca antes experimentadas por boa parte da população mundial (talvez exceto para aquelas pessoas que passaram por experiência de guerra), tenho percebido que muitas pessoas sofrem por não conseguirem imaginar como voltar a fazer as coisas da mesma forma que antes da pandemia ou a realizar seus projetos da forma exata como foram concebidos. E isso gera muito sofrimento.

Uma abordagem pertinente é auxiliar a pessoa a refletir sobre o fato de que essa instabilidade contemporânea requer o desenvolvimento de habilidades para novas organizações de sua rotina e de seu mundo próprio, não só enquanto durar a pandemia, mas especialmente após o seu término, em um novo processo de adaptação. No retorno às atividades, o "cotidiano" não será mais o mesmo e só será possível conhecê-lo, quando lá chegarmos. Por isso, certamente serão necessários novos rearranjos em várias esferas: social, financeiro, de trabalho, de aulas, dentre tantos outros. E não poder continuar agindo como antes, não significa necessariamente ser ruim.

Muito se fala sobre o "novo normal", mas, como diz Bandím (2020), penso que isso é impossível, pois se é novo, não é normal, e se é normal, não é novo. Estamos diante de um futuro que será construído a cada dia, em um processo, como reflete a frase "o caminho se faz caminhando". Mas não tem sido assim desde o início dos tempos?

Para essa reconfiguração do nosso projeto de futuro a partir das mudanças provocadas pela pandemia, será necessário o exercício de novos ajustamentos criativos, entendidos como processos que levam a pessoa a manter a sua autopreservação e o seu crescimento no campo de forma ativa e responsável. Nas palavras de Robine (2006),

> o indivíduo possui uma sabedoria transmitida por herança que o leva à autopreservação. Em paralelo, ele tende ao crescimento, isto é, ao ajustamento criativo às situações incessantemente mutáveis do campo, experiências que transformam tanto o ambiente quanto o próprio homem (p. 96).

Entretanto, em tempos de pandemia, considerando a ampliação da instabilidade, dos riscos e das incertezas da nossa existência, faz-se necessário que as pessoas atendidas possam experimentar um vínculo forte o suficiente, que sirva como um fundo suportivo que permita a emergência da expressão de suas dores como figura (Bandín, 2020).

O cuidado terapêutico

Todas as reflexões e considerações acima têm como objetivo último reconhecer o Plantão Psicológico como um modo muito particular de cuidado com o ser que sofre. Em trabalho anterior (Cardoso, 2013), define o cuidar a partir da face existencial da Gestalt-terapia da seguinte forma:

> Cuidar é fazer *com*, não é fazer *por*. É uma proposta de capacitação, e não de orientação. É oferecer o apoio necessário para que o outro se reconheça nas suas possibilidades e referências e se erga, fortalecendo seu próprio senso de autossuporte. (...) Assim, cuidar não é técnica, é uma postura; é a arte de estar-com, que reconhece a pessoa, funda o encontro e singulariza o saber e os recursos técnicos de que dispõe o psicoterapeuta-cuidador para auxiliar aquele de quem cuida (pp. 72-73).

Por isso mesmo, requer habilidades interpessoais, como a capacidade de acolher, de escutar, de questionar, de dialogar e, com isso, convidar a pessoa a refletir sobre tudo que for significativo para ela, de modo que seja possível compreender e ressignificar suas vivências. Dessa forma, ao pensar e propor uma metodologia clínica à luz da Gestalt-terapia pertinente com os objetivos do Plantão Psicológico, não proponho técnicas, mas algumas intervenções e questionamentos pertinentes, bem como posturas dos plantonistas na condução de um atendimento, os quais podem ser sintetizadas da seguinte maneira:

- Postura de acolhimento, de disponibilidade e de suporte para facilitar à pessoa contar aquele fragmento da sua história que a motivou a buscar o Plantão Psicológico.
- Utilização das três principais referências do método fenomenológico aplicado no campo da clínica psicológica: observação, descrição e compreensão (Cardoso, 2018).
- Utilizar questionamentos que ajudem a pessoa a descrever a sua história como protagonista da mesma, reconhecendo a diversidade de sentidos e de afetos implícitos e explícitos na sua experiência, propiciando o reconhecimento de si no seu mundo próprio.
- Ajudá-la a reconhecer como aquela situação narrada se constitui em um fenômeno para ela (no sentido fenomenológico do termo).
- Ajudá-la a reconhecer o que é figura e como esta se constitui em uma situação inacabada (ou como o equilíbrio organísmico dela é rompido na situação).
- O que ela mostra de seu ser-no-mundo quando ela se expressa daquela forma específica no aqui e agora do encontro no Plantão Psicológico? Em outras palavras, o foco é no processo de vir-a-ser da pessoa, mais do que no conteúdo da situação apresentada.
- Quais as suas possibilidades, potencialidades e impasses? A pessoa os reconhece?
- Quais os pressupostos que sustentam a postura da pessoa nessa situação descrita? Ajudá-la a expressar as crenças implícitas na sua experiência pode revelar muitas introjeções e fantasias, propiciando, com isso, a abertura para novas possibilidades.
- Onde está a sua energia, a sua vitalidade? Como ela está usando-a ou deixando de usá-la?

- Ajudá-la a reconhecer o que é essencial e o que é periférico na sua experiência, especialmente quando a pessoa não consegue reconhecer nem as diferentes valências das situações vivenciadas, nem as suas prioridades.
- Qual a rede de heterossuporte de que ela dispõe e como está utilizando (muito importante em tempos de pandemia)?
- O olhar do plantonista vai para o sentido do que ela está falando e para o seu processo de vir-a-ser, e não para o que ela tem que fazer.
- De que forma ela interrompe o seu processo de contato na experiência descrita e quais são os fios que compõem esse impasse (crenças, sentimentos, fantasias, etc.)?
- O que é fato e o que é fantasia no seu relato e qual a capacidade dela de discriminar ambos?
- O plantonista convida a pessoa a entrar na dinâmica do ensaio da dúvida universal, conforme proposto por Husserl, mediante questionamentos reflexivos que a convidem a rever suas crenças e introjeções, abandonando assim suas certezas (quase sempre catastróficas) e facilitando sua entrada na dinâmica do que chamo de "re-sentidância" (ou seja, de novos sentidos, como uma nova tradução experiencial de algumas coisas da vida). É uma forma de problematizar as velhas certezas que sustentam o sofrimento e, assim, promover a abertura necessária para novos contatos.
- O plantonista auxilia a pessoa a aprimorar sua percepção das várias partes do campo, especialmente aquelas positivas, nas quais residem a sua força e a sua potência.

- O plantonista convida a pessoa a descrever seu campo experiencial no momento do atendimento. O que chama a atenção dela? O que ela percebe de si ao relatar sua experiência naquele momento?
- Explorar as sensações, sentimentos e crenças da pessoa.
- Ajudar a pessoa a discriminar quais são as "fatalidades" e quais são as suas escolhas na situação.
- Convidar a pessoa a refletir sobre o que ela acredita que precisa desenvolver, aprender ou fortalecer para lidar melhor com a situação.
- O plantonista busca trabalhar no sentido de ampliar, de esticar o olhar do tempo presente da pessoa, o qual muitas vezes encontra-se cristalizado e promovendo sofrimento, para as mudanças inerentes da vida e para a possibilidade de um futuro diferente e, quem sabe, melhor (instilação de esperança).

Por também constituir o campo, entendo ser essencial que o plantonista se reconheça como uma parte da totalidade cocriada do encontro. Nesse sentido, também proponho vários questionamentos, reflexões e posturas sobre sua experiência do atendimento, tais como:

- O plantonista deve ser capaz de diferenciar o que a pessoa está dizendo do que ele pensa sobre o que ela está dizendo.
- O plantonista deve utilizar suas funções de contato e habilidades interpessoais para assumir uma postura empática, no sentido de buscar compreender o que a pessoa está experienciando a partir da perspectiva dela (mas sem se deixar confluir).

- Como o plantonista experiencia a qualidade do contato estabelecido entre as partes do campo?
- Como ele é "tocado" na relação com a pessoa? O plantonista deve abrir-se à experiência do campo relacional cocriado, reconhecendo as ressonâncias e reciprocidades que ecoam em si, incluindo eventuais sensações corporais, que podem ajudá-lo a apreender de uma outra forma a experiência do cliente. Se for pertinente, ele pode dar um feedback para a pessoa acerca da sua "percepção encarnada" do campo.
- O que é figura para o plantonista no campo cocriado com o cliente e como ele é tocado?

Importante enfatizar que os questionamentos acima não se configuram, de forma alguma, em um questionário a ser respondido, mas como referências que podem ser utilizadas ou não, em função do que emergir no campo e da relação que se estabelece no atendimento do Plantão Psicológico. Por esse mesmo motivo, outros questionamentos e intervenções não mencionados também podem ser pertinentes.

Considerações finais

Uma constatação: nossa experiência do Plantão Psicológico em Gestalt-terapia confirma a potência da escuta e da relação, bem como a possibilidade de realização de um trabalho verdadeiramente terapêutico, ainda que em um único encontro.

Uma proposta, especialmente nesses tempos atuais, de pandemia: mirar o ideal, mas trabalhar dentro do que é possível no momento, sabendo que amanhã vai ser outro dia.

Uma diretriz na clínica: "Sempre que duas pessoas conversam, alguma coisa acontece" (Paulo Evangelista, em conversa pessoal).

Uma certeza: seja lá o que e como estamos vivendo essa pandemia, tudo isso vai passar!

Referências

ANDRADE, C. C. Autossuporte e heterossuporte. In: FRAZÃO, L. M.; FUKUMITSU, K. O. (orgs.) *Gestalt-terapia: conceitos fundamentais*. São Paulo: Summus, 2014, pp 147-162.

BANDÍN, C. V. Only the living can witness the passing of death: Mourning in times of pandemic. *The Humanistic Psychologist. 48*(4), 357–362, *2020*. Disponível em: https://doi.org/10.1037/hum0000225.

BRITO, M. A. Q. Reflexões gestáltica sobre traumas em tempos de pandemia. Em: ABG – Associação Brasileira de Gestalt-terapia e Abordagem Gestáltica (org.) *Olhares da Gestalt-terapia para a situação de pandemia*. Curitiba: CRV, 2020, p. 15-27. Disponível em: https://www.fafich.ufmg.br//cepc/wp-content/uploads/2021/02/Livro-ABG-Vozes-em-Letras.pdf.

CAMPOS, A. F. & DALTRO, M. A clínica ampliada no enfoque da Gestalt-terapia: um relato de experiência em supervisão de estágio. Revista Psicologia, Diversidade e Saúde, Salvador. 4(1): 59-68, 2015. Disponível em: https://www5.bahiana.edu.br/index.php/psicologia/article/view/743.

CARDOSO, C. L. A face existencial da Gestalt-terapia. In: FRAZÃO, L. M.; FUKUMITSU, K. O. *Gestalt-terapia: fundamentos epistemológicos e influências filosóficas*. São Paulo: Summus, 2013, pp. 59-75.

CARDOSO, C. L. Apontamentos sobre a utilização do método fenomenológico na psicoterapia. Em: Giovanetti, J. P. (Org.). *Fenomenologia e Psicologia Clínica*. Belo Horizonte: Artesã, 2018, p. 33-52.

CARDOSO, C. L. O plantão psicológico em tempos de pandemia. Em: ABG – Associação Brasileira de Gestalt-terapia e

Abordagem Gestáltica (org.) *Olhares da Gestalt-terapia para a situação de pandemia* (p. 219-236). Curitiba: CRV, 2020. Disponível em: https://www.fafich.ufmg.br//cepc/wp-content/uploads/2021/02/Livro-ABG-Vozes-em-Letras.pdf.

CARDOSO, T. & BRANDÃO, C. L. Plantão Psicológico e Gestalt-terapia: um estilo de intervenção em circunstâncias de risco e de vulnerabilidade. Em: BRANDÃO, C. L. (org.) *Semeando a Gestalt-terapia: experiências clínicas no contexto amazônico.* Belém: Paka-Tatu, 2017, pp. 151-166.

EVANGELISTA, P. E. R. A. & CARDOSO, C. L. Aconselhamento psicológico fenomenológico-existencial online como possibilidade de atenção psicológica durante a pandemia de COVID-19. *Perspectivas em Psicologia*, Uberlândia, v. 24, n. 2, p. 129-153, jun/dez. 2020. Disponível em: http://www.seer.ufu.br/index.php/perspectivasempsicologia/article/view/58492/31126.

FRANCESETTI, G. *Fundamentos da psicopatologia fenomenológico-gestáltica: Uma introdução leve.* Belo Horizonte: Artesã, 2021.

GAFFNEY, S. & O'NEILL, B. *The field perspective: Methodology and practice.* Queensland: Ravenwood Press, 2013.

GUEDES, A.; ALMEIDA, H. M. E.; BIANCHI, I. F. S.; RIBEIRO, M. F. R & CUNHA, V. L. (Kairós Assessoria Psicológica). A consulta avulsa. *Revista de Gestalt.* 1(1), 1991, pp. 59-65.

LOBB, M. S. Gestalt Therapy during coronavirus: Sensing the experiential ground and "dancing" with reciprocity. *The Humanistic Psychologist, 48*(4), 397–409, 2020. Disponível em: https://doi.org/10.1037/hum0000228.

MAHFOUD, M. A vivência de um desafio: plantão psicológico. Em: Rosenberg, R. *Aconselhamento Psicológico Centrado na Pessoa.* São Paulo: EPU, 1987.

PERLS, F., HEFFERLINE, R. & GOODMAN, P. *Gestalt-terapia.* São Paulo: Summus, 1997.

PINTO, E. B. A Ansiedade e seus transtornos na visão de um Gestalt-terapeuta. In: FRAZÃO, L. M.; FUKUMITSU, K. O.

Quadros clínicos disfuncionais e Gestalt-terapia. São Paulo: Summus, 2017, pp. 93-116.

QUADROS, L. C. T.; CUNHA, C. C.; UZIEL, A. P. Acolhimento psicológico e afeto em tempos de pandemia: Práticas políticas de afirmação da vida. *Psicologia & Sociedade*. v. 32, 1-17, 2020. Disponível em: http://www.scielo.br/scielo.php?script=sci_arttext&pid=S0102-71822020000100415&lng=en&nrm=iso.

REBOUÇAS, M. S. S., & DUTRA, E. (2010). Plantão psicológico: uma prática clínica da contemporaneidade. *Revista da Abordagem Gestáltica*, *16*(1), 19-28. Disponível em: http://pepsic.bvsalud.org/pdf/rag/v16n1/v16n1a04.pdf

RODRIGUES, A. B. W.; BOHRER, A. L. F.; LOPES, G. R.; PRADO, L. D. Q.; VILLALVA, O. R.; VALVERDE, P. B.; CARDOSO, C. L. & EVANGELISTA, P. E. R. A. Pesquisa sobre Aconselhamento Psicológico Online. Em: ESPÍNDULA, J. A. G & ANTUNEZ, A. A. *Psicologia fenomenológica e saúde mental durante a pandemia COVID-19: experiências e pesquisas*. São Paulo: USP, 2021 (no prelo).

SOARES, L. L. M. Plantão Psicológico Gestáltico - A Escrita de uma Experiência. *Estudos e Pesquisa em Psicologia*. Rio de Janeiro, v. 19, n. spe, p. 997-1017, dez. 2019. Disponível em: http://pepsic.bvsalud.org/scielo.php?script=sci_arttext&pid=S1808-42812019000400010&lng=pt&nrm=iso.

SOUZA, S. & FARIAS, A. E. M. Plantão Psicológico: a urgência da acolhida. Em: SOUZA, S. SILVA FILHO, F. B. & MONTENEGRO, L. A. A. (orgs.) *Plantão Psicológico: ressignificando o humano na experiência de escuta e acolhimento*. Curitiba: CRV, 2015, pp. 15-32.

TASSINARI, M. & DURANGE, W. Clínica da urgência psicológica: a radicalidade do encontro como processo de promoção da saúde. Em TASSINARI, M. & DURANGE, W. (orgs.) *Plantão e clínica da urgência psicológica*. Curitiba: CRV, 2019, pp. 43-60.

8

Fenomenologia Existencial e a procura motivada do Plantão Psicológico

Paulo Eduardo R. A. Evangelista

Pouco depois de ingressar na UFMG, abri, como projeto de extensão, o serviço de Plantão Psicológico no Serviço de Psicologia Aplicada (SPA). O serviço já existia antes, em outro formato, sob coordenação do prof. Miguel Mahfoud, mas permaneceu fechado por quase dois anos após sua aposentadoria. Eu aprendera sobre a prática psicológica do plantão enquanto estava no doutorado, sob orientação da Profa. Dra. Henriette T. P. Morato, período em que participei das atividades do Laboratório de Estudos em Fenomenologia Existencial e Prática Psicológica (LEFE-USP). Meu primeiro contato com essa modalidade de atendimento gerou estranhamento, mas, aos poucos, fui reconhecendo sua potência. Inclusive, o atendimento único iluminou aspectos da psicoterapia que estavam encobertos para mim[1].

O que caracteriza este serviço é, como claramente o definiu em 1987 Miguel Mahfoud (2012, p. 17), "um tipo de serviço, exercido por profissionais que se mantêm à disposição

[1] Sobre esta história, indico a leitura de meu relato "O LEFE e o Plantão Psicológico na UFMG", na coletânea organizada pelo LEFE (no prelo).

de quaisquer pessoas que deles necessitem, em períodos de tempo previamente determinados e ininterruptos".

Morato (2006), oferecendo bases fenomenológico-existenciais mais esclarecidas para o serviço, define-o como:

> [...] uma ação que, em sua matriz, é essencialmente clínico-investigativa, pois busca esclarecer junto àquele que sofre uma demanda a partir dele mesmo, na tentativa de abrir possibilidades para que ele se responsabilize pelo seu próprio cuidado. É um proceder que, a todo o momento, se coloca em discussão, avaliando o que ocorre a cada encontro entre plantonista e aquele que sofre, para, através desta avaliação, possibilitar que a demanda apresentada se esclareça como necessidade e urgência (p. 1).

Morato (2006) recorre ao termo "urgência" em seu sentido etimológico, do latim *urgere*, que significa "pressionar, empurrar, forçar, guiar, compelir, estimular". Nesse sentido, o esclarecimento da urgência que motiva a procura pelo Plantão Psicológico é o sentido do atendimento, ou seja, a iluminação do porquê e do para que, do de onde e do para onde desta existência neste momento. Ora, tal compreensão espaço-temporal do acontecer existencial articula-se com a noção de *situação* definida por Heidegger (1927/2012) no §60 de *Ser e tempo* como:

> A situação é o 'aí' que se abre cada vez no ser-resoluto, o 'aí', como o que o ente existente é 'aí'. A situação não é um quadro subsistente, no qual o Dasein sobrevém ou no qual ele também viria ele mesmo a se alojar. Longe de ser um misto meramente subsistente de circunstâncias e acidentes que vêm-de-encontro, a situação só é pelo ser-resoluto e no ser-resoluto. Resoluto para o 'aí' que o si-mesmo tem de ser existindo, abre-se cada vez para ele

primeiramente o caráter-de-conjunção factual das circunstâncias (p. 819).

A situação existencial é quem e como a existência é, o acontecer histórico de um ser que é indeterminado e possível. Esta compreensão da existência é a que fundamenta a leitura dos fenômenos clínicos que tenho realizado e supervisionado e é uma das referências básicas de todo atendimento psicológico que se nomeia fenomenológico-existencial. Proponho que o Plantão Psicológico se articula com essa condição existencial, como uma ocasião de apropriação da trajetória em que se está.

Tem sido comum, na literatura, afirmar que o que caracteriza este serviço é o atendimento "no momento da procura" (Cabral, 2015; Cury & Ramos, 2009; Mahfoud, 2012; Morato, 2009; Rocha, 2009). É esse aspecto que este escrito tematiza: a importância do atendimento psicológico no momento da sua procura. Por "procura" estou indicando o caminhar até o atendimento ou, como tem sido feito online, acessar um site, preencher uma ficha e aguardar o atendimento. Quero, ademais, pensá-lo à luz dos fundamentos da fenomenologia existencial, buscando uma compreensão da experiência humana.

Além do referencial teórico, as reflexões que seguem se fundamentam na experiência que tenho tido nessa prática e, principalmente, na supervisão dos atendimentos realizados pelos alunos tanto presencial quanto remotamente, na UFMG.

Plantão Psicológico

O Plantão Psicológico surgiu como experiência para oferecer atendimentos mais correspondentes às condições da comunidade atendida — no caso, público de clínicas-escolas, que não aderia à psicoterapia, por não poder se comprometer com a frequência exigida por essa intervenção, assim como, frequentemente, não tinha demanda para esse serviço, que era automática e irrefletidamente indicado. O Plantão Psicológico desenvolveu-se para se tornar, como define Morato (2009), prática psicológica plástica, que se molda em diálogo com o contexto no qual se instala, desvelando o terreno e a si mesma concomitantemente. Isso faz dessa intervenção eminentemente fenomenológica, isto é, que deixa ser os fenômenos da comunidade em que se insere tal qual são. Não oferece, por exemplo, intervenções psicológicas planejadas fora do mundo em que se inserem.

No início, nas clínicas-escola, havia muitas desistências após algumas semanas. Isso é compreensível, pois o cliente só descobria o que era uma psicoterapia participando dela (Ancona-Lopez, 1986). Muitos desistiam, pois não se reconheciam necessitados, disponíveis ou com recursos de tempo e dinheiro para participar. Ora, ninguém deve ser obrigado a passar por um processo psicoterapêutico contra sua vontade. Cury (2012), assim, defende que o Plantão Psicológico seja um serviço "alternativo às psicoterapias tradicionais, especificamente voltado àqueles que por inúmeras razões não se beneficiariam (ou não estariam disponíveis) de um atendimento clínico a médio ou longo prazo" (p. 132-3).

Outro problema constatado na época de surgimento do Plantão Psicológico era que a clientela passava por vários serviços oferecidos pela clínica, muitas vezes sem necessidade e durante longo período desde a procura. Isto é, chegava, era encaminhada à triagem, que encaminhava para o psicodiagnóstico e este, para a psicoterapia, para então começar o atendimento psicológico que a pessoa estava pedindo desde o início. Os intervalos, períodos de férias, filas de espera podiam fazer com que o tempo de espera fosse muito longo. O

Plantão Psicológico, assim, surgiu como uma experiência de oferecer atendimento a quem procurava quando procurava, sem as burocracias das clínicas-escola.

Essa qualificação — "sem burocracia" — é um modo como algumas pessoas entendem a proposta deste atendimento. É verdade que as etapas para o receber são muito mais curtas, quando as há! Mahfoud (2013) alerta que não se pode interpretar o Plantão Psicológico como um tipo de atendimento psicológico que prima pela rapidez, correspondendo à pressa de nossa época. Entende errado o Plantão Psicológico quem o toma pela "mentalidade de consertar problemas rapidamente, de simplesmente eliminar algum tipo de sentimento indesejado ou de se dispor à elaboração da experiência somente em uma sessão, acentuando um descomprometimento" (p. 43). Não é, portanto, a pouca burocracia nem a eficiência de um ou poucos atendimentos que caracteriza a potência do Plantão Psicológico e, sim, o fato de oferecer atendimento psicológico no momento da procura. Cury (2012) também manifesta preocupações de que esta modalidade de prática psicológica vincule "a quantificação dos atendimentos à eficácia do modelo institucional" (p. 153), dado que o serviço é capaz de atender a grande número de clientes.

Estas preocupações estão em sintonia com a compreensão de nossa época histórica como Era da Técnica, caracterizada pela lida com toda a realidade, inclusive o próprio humano, como disponível para exploração. Afirma Heidegger:

> O desencobrimento[2] que domina a técnica moderna, possui, como característica, o pôr, no sentido de explorar. Esta exploração se dá e acontece num

[2] Desvelamento, descerramento, abertura (epocal).

> múltiplo movimento: a energia escondida na natureza é extraída, o extraído vê-se transformado, o transformado, estocado, o estocado, distribuído, o distribuído, reprocessado. Extrair, transformar, estocar, distribuir, reprocessar são todos modos de desencobrimento. (...) Por toda parte assegura-se o controle. Pois controle e segurança constituem até as marcas fundamentais do desencobrimento explorador (Heidegger, 1949/2002, p. 20).

A Era da Técnica se manifesta na atual onipresença da ciência como ciência natural calculadora, na técnica maquinal, na transformação da arte em vivência estética, na transformação da ação humana em produção de "cultura" e no que o filósofo chama de fuga dos deuses (Heidegger, 1949/2002). A máxima produção em menor tempo — reunida no conceito de eficácia — é sua expressão mais corriqueira na Psicologia.

Mahfoud (2012) sustenta que o Plantão Psicológico "... se coloca disponível para a acolher *a experiência* do cliente de determinada situação, ao invés de enfocar o *seu problema*" (p. 76). Morato (2006), aprofundando essa diferença, defende que a escuta clínica do plantonista proporciona a passagem da *queixa* para a *demanda*. A *queixa* é o "problema psicológico" que legitima a procura pelo atendimento. Já a demanda é, como indicado acima, a iluminação da situação histórico-acontecencial[3] existencial no encontro humano

[3] Uso o termo histórico-acontecencial no sentido de história empregado por Heidegger em *Ser e tempo*, por qual a história humana está gestando-se, acontecendo, e não se fixa como sequência objetiva de fatos. Loparic (2000) lembra que, em alemão, a palavra para história é *geschehen*, cuja raiz aponta para gestar, iniciar. Cito-o: "Creio ser esclarecedor, no presente contexto, recorrer a Heidegger, que diz que o ser humano não é, tal como uma coisa qualquer, um mero *ente*, e sim um *acontecente* (*geschichtlich*),

com um plantonista que, fenomenologicamente, assume seu desconhecimento sobre o outro e a curiosidade por quem seu interlocutor, o cliente, está sendo.

Na prática, o cliente chega interpretando-se como objeto de forças exteriores que causam sofrimento psicológico. Tem sido muito frequente que este já chegue ao Plantão Psicológico explicando causalmente sua situação com linguagem psicológica, que está fácil e livremente disponível na internet e nas mídias sociais (Mahfoud, 2013). Chega como um objeto vitimado por causas objetivas e é convidado a apropriar-se da autoria por sua própria vida, incluído nela seu sofrer. Nesse sentido, a procura pelo Plantão Psicológico é *pró-cura*.

Procura

Encontramos na literatura daseinsanalítica o realce da etimologia de procura pela grafia *pro-cura*. Cura, em latim, é cuidado. A fábula de Higino, citada no meio de *Ser e tempo* (Heidegger, 1927/2012), oferece uma definição fenomenológica do ser da existência como Cura. Heidegger narra que a divindade Cura (ou Cuidado), atravessando um rio, vê sua imagem projetada no fundo e molda a figura que viu. Júpiter é chamado para dar vida à obra feita de terra. Quando Cura, Júpiter e Terra começam a discutir quem nomearia o ser criado, pedem que Saturno, o deus-Tempo,

e que a sua existência tem o sentido de uma *acontecência* (*Geschehen*), a qual, por sua vez, é um *modo de temporalização* do ser humano. Na linguagem de Heidegger, o homem existe como um estendimento (*Erstreckung*) entre o nascimento e a morte, ele é alguém que nunca terminou de nascer e que desde sempre já começou a morrer, em suma, um acontecente, que é simultaneamente um nascente e um morrente" (p. 357).

intervenha. Ele decide que o nome corresponda ao daquele que criou do nada: Cura. Para Heidegger, essa fábula confirma sua descoberta (no sentido de desencobrir, retirar os encobrimentos) de que a existência é ter-que-ser, fazer-se, tem seu ser indeterminado, a todo momento em jogo e sob seu cuidado tendo que ser no mundo.

Stein (2014) tem uma interpretação interessante dessa fábula, que sugere um rosto sem forma de Cura que se projeta na figura amorfa do humano, que precisa, assim, buscar e fazer sua fisionomia. Explica o filósofo, que vê na alegoria da Cura a inauguração de um novo paradigma na filosofia, de que a Psicologia e a Psicanálise precisam para se fundamentar: "a alegoria do Cuidado representa a dramaturgia da existência: pobre Demiurgo que apenas se faz para esquecer que é feito, e feito para a morte" (p. 111). Scott (2020), nessa mesma direção, afirma que a indicação da essência da existência como Cura aponta para um saber pré-teórico da "necessidade tanto de responsabilidade cuidadosa por nossas vidas e mundo quanto da inevitabilidade, na vida, da perda e do infortúnio" (p. 91). A relação entre *Ser e Tempo* ou, na existência, entre Cuidado e Temporalidade, aponta o fato de que precisamos "cuidar porque a vida mundana está sempre acontecendo; nada escapa ao impacto do tempo" (p. 91).

Pompeia & Sapienza (2004) jogam com essa etimologia para indicar que a psicoterapia é uma investigação que acontece como cuidado consigo mesmo (*cura*) e um movimento em direção (*pró*) a ser o cuidado que, por condição, a existência já é. Para eles, "terapia é a procura, via *poiesis*, pela verdade que liberta para a dedicação ao sentido" (p. 169). A "cura" não é o objetivo no final do processo e, sim, o todo do percurso. Não é, portanto, a remissão de sintomas, tal como indicado pelo significado mais comum de "cura". Realmente, quando alguém procura o atendimento psicológico está indo em direção ao (*pró*) cuidado consigo mesmo — cura. Isto é, a procura pelo atendimento é fazer algo por e para si mesmo, no sentido de modificar sua situação atual. A autotransparência indicada na frase lapidar de Pompeia & Sapienza (2004) é necessariamente um caminho longo, que dificilmente ocorre num único encontro, mas, o primeiro passo pode ser o início de uma jornada de descoberta de si.

A *pro-cura* enquanto cuidado acontece como processo; é o árduo, às vezes extenuante ou absurdo processo da vida toda. Bugenthal (1975), num texto clássico da Psicologia Existencial, nomeia a condição existencial do ser cuidado "Eu-processo". Ele define: "O Eu-processo é puro sujeito, puro processo e não tem qualidades substantivas intrínsecas. O Eu-processo é o 'fazedor' ativo e cônscio" (p. 90-1) O outro modo de ser, igualmente constitutivo, é o "Eu-atributo" (p. 90), que se refere aos substantivos pelos quais nos definimos, que podem se tornar aprisionantes e atrás dos quais nos escondemos quando não confiamos em nós mesmos, em nosso potencial e na vida como processo.

As abordagens humanistas em Psicologia, de modo geral, indicam o caráter processual da existência. Dutra (2016) propõe, nesse sentido, aproximações da noção de pessoa na obra de Cal Rogers e a de existência, na fenomenologia existencial. Na Gestalt-terapia, aparece na valorização da potencialidade humana de construir-se, do vir-a-ser (Perls, Hefferline, Goodman, 1951; Cardoso, 1999) .

Retomando estas considerações sobre a procura, vai se iluminando a relação possível entre a condição existencial e a aparição no mundo do cliente da intervenção psicológica como possibilidade à qual se dirige. Além da procura, é o *momento* que complementa a tradicional definição desse serviço ("momento da procura"). Como podemos entender "momento" neste contexto?

Momento

Para compreendermos o sentido existencial do momento, precisamos retomar a noção de Dasein ou ser-aí (HEIDEGGER, 1927/2012). Tomo-a pela interpretação de Holzhey-Kunz (2018), que indica nesse conceito uma afirmação radical de liberdade e de individualidade. Estão anunciadas no §9 de *Ser e Tempo* (HEIDEGGER, 1927/2012), onde se lê que "a 'essência' desse ente [existência] reside em seu *ter-de-ser*" (p. 139) e o "ser que, para esse ente, está em jogo em seu ser, é cada vez o meu" (p. 141).

A "radical liberdade" (HOLZHEY-KUNZ, 2018, p. 48) indica que não há determinação prévia do ser da existência que se é e deve ser. É o que significa ter-de-ser. Acontecer, como humano, é uma tarefa que nos é incumbida sem a termos pedido, mas não há uma determinação prévia de como se é e deve ser, diferentemente dos animais, por exemplo. Torna-se humano como se é humano na cultura em que se nasce e cresce e a cultura, como processo histórico, permanece em transformação.

A esta concepção de liberdade enquanto indeterminação essencial deve-se contrapor a noção de liberdade como livre arbítrio, tão comum para nós. Esta, como livre arbítrio, é a que sustenta a ilusão de que eu posso realizar qualquer coisa, bastando assim o desejar. A liberdade ontológica diz respeito ao existir em meio às coisas e aos outros sem perder a condição de ser-possível (HEIDEGGER, 1930/2008). É o encontrar a cada vez um mundo significativo e fazer parte de sua aparição, recolhendo e propondo projetos, direcionamentos e novos significados.

Heidegger (1930/2008) descreve a liberdade ontológica da seguinte maneira: "Deixar-ser o ente — a saber, como ente que ele é — significa entregar-se ao aberto e à sua abertura, na qual todo ente entra e permanece, e que cada ente traz, por assim dizer, consigo" (p. 200). E segue adiante: "O deixar-se, isto é, a liberdade é, em si mesmo ex-posição ao ente, isto é, ek-sistente. A essência da liberdade, entrevista à luz da essência da verdade, aparece como ex-posição ao ente enquanto ele tem o caráter de desvelado" (p. 201). Ou seja, a existência é liberdade no sentido de ser a clareira na qual a realidade acontece e, sendo-a, faz-se a pessoa que é. Essas belas palavras trazem consigo o peso da responsabilidade e da indeterminação, pois quem cada um é, está constantemente em jogo.

A "radical individualidade" (Holzhey-Kunz, 2018, p. 47) diz respeito ao fato vivenciado por toda existência, com maior ou menor grau de "consciência", de que "meu ser é sempre meu", só eu posso assumir minha vida. Em Heidegger, isso é evidenciado no fato de que só eu posso viver minha morte e ela é tão radicalmente minha que não existe modelo de como morrer; a morte é irrepresentável. A partir da condição de mortalidade, Heidegger ilumina toda a vida como sendo exclusivamente minha. Mas essa tarefa é árdua — é um "fardo" (Heidegger, 1927/2012, p. 385) — de modo que, no mais das vezes, nós nos fugimos dela (e de nós mesmos) sendo como todo mundo é. A isso, Heidegger (1927/2012, p. 363) chama de "*A-gente*" (*das Man*).

Boss (1981), na Daseinsanalyse, avisa do potencial neurótico dessa fuga, pois, quanto mais alguém existe de acordo com referenciais impróprios e impessoais, mais dependente, menos autônomo é. É possível, escreve ele, que a imposição de uma moral mutile as possibilidades existenciais, trazendo "sentimentos de culpa distorcidos, inautênticos, impostos por mentalidades alheias" (p. 46) que ampliam esses sentimentos, formando um ciclo vicioso. Modos de ser considerados neuróticos são, segundo Boss, aprisionamentos em modos de ser públicos que dificultam a abertura às possibilidades que se apresentam na abertura de mundo que eu singularmente sou.

Fundante e inovadora na filosofia e na psicologia é a concepção de que a existência tem constantemente uma relação consigo mesma, isto é, compreende-se a todo momento, ainda que tácita e implicitamente. Ou seja, toda existência "sabe" do fardo que é ser si mesmo e que nada lhe está assegurado. "Sabe" que a morte é a possibilidade constante que a determina e faz uma "leitura", ainda que vaga, sobre como vai sua vida. Essa relação com o existir se revela pelas tonalidades afetivas e pelos entendimentos e projetos que lhe correspondem. Por exemplo, a fadiga ou a dificuldade de concentrar-se nos estudos (como frequentemente aparece no Plantão Psicológico) são tonalidades afetivas que indicam a quantas anda a existência.

Sendo livre e singular, a existência está sempre se relacionando com seu futuro. Na fenomenologia existencial, há uma primazia dessa dimensão da temporalidade, pois é ela que articula e dá contornos ao passado e ao presente. A todo momento que se diz da existência que é poder-ser, "poder" é verbo do substantivo "possibilidade", que indica algo que ainda não é, mas pode ser. Por isso, a existência é Cuidado: ela precisa fazer-se, precisa cuidar para ela e o mundo serem tal como podem ser mas ainda não são.

A relação com o próprio ser muito raramente acontece com clareza e autotransparência, pois os modos cotidianos de se referir à existência (nossa linguagem e nossas concepções a respeito do que somos) a encobrem. Isto é, a linguagem de que dispomos para nos referir a nós mesmos dificulta que abarquemos quem e como estamos sendo. E a Psicologia é pródiga em fornecer linguagens encobridoras de nosso ser. Muitos dos clientes atendidos no Plantão Psicológico chegam com supostas explicações causais psicológicas para seus comportamentos (Mahfoud, 2013), o que dificulta que se abram para a atualidade de sua experiência, isto é, para os entes iluminados na clareira de mundo que é. A especificidade de sua experiência aparece distorcida e oculta por teorias, cabendo ao plantonista cuidadosamente convidar para a retirada dos véus que encobrem o que vem ao encontro para deixar-ser o ente tal como é.

Isso está ligado à condição ôntico-ontológica do Dasein, que precisa estar minimamente esclarecida para explorarmos a motivação para a procura do Plantão Psicológico. Heidegger afirma em *Ser e tempo* que a existência é ótico-ontológica, o que significa que é uma existência concreta sócio-histórica singular e que, ao mesmo tempo, é existência (enquanto condição humana em geral). Dito de outro modo, a existência interpreta-se à luz de seu mundo, das significações e da linguagem próprias de sua cultura e, assim fazendo, acontece como existência. Nesse modo de ser e acontecer habita o constante risco de ocultar a si mesmo sua condição existencial — ter-que-ser, ser-com-outros, ser-livre, ser-para-a-morte etc. — à qual tem acesso por ser um ser que se relaciona com seu ser. Assustado com o peso da indeterminação, foge para a suposta segurança das prescrições públicas de como se deve existir. Encontra-as tanto nos valores compartilhados, quanto, na atualidade, nas ciências sobre o bem viver.

A condição ôntico-ontológica do Dasein propicia o que Holzhey-Kunz (2018) chama de "inclusão pré-ontológica": 1) em todo comportamento da existência há uma dimensão filosófica, isto é, uma compreensão implícita do que significa ser humano e 2) "o saber (pré)ontológico está incluído no vivenciar e no comportamento concretos, ou seja, permanece normalmente despercebido (inconsciente), representa um mero saber de pano de fundo" (pp. 59-60). A daseinsanalista ressalta que o saber da finitude humana, isto é, que nada está para sempre assegurado, ameaça constantemente a vida cotidiana. Assustada com essa (auto)compreensão, a pessoa pode fugir em busca de asseguramentos. Agarra-se a explicações causais para seu comportamento, a métodos de controle da realidade, dos outros e de si mesmo, deixa que os outros ou o mundo tomem decisões por si etc. (Evangelista, 2019).

À luz dessas considerações, a procura pelo Plantão Psicológico é uma tomada de posição em relação à vida, tal como está acontecendo nesse momento. Trata-se de uma escolha diante do entendimento acerca de como a pessoa está, do que pode fazer para e por si mesma e de perspectivas futuras. A abertura ao futuro é essencial aqui, pois a existência é constante relação com seu futuro. É também uma tomada de posição em relação à condição humana incluída pré-ontologicamente no vivido, isto é, que se deixa entrever na situação concreta.

O que significa, então, dizer que a procura pelo Plantão Psicológico é motivada?

Motivação

Faz-se mister diferenciar motivo de causa. Nosso entendimento psicológico tradicional pergunta por causas, pois entende toda a realidade como uma sequência de causas e efeitos. No atendimento psicológico, é o que está em jogo quando se pergunta "por que procurou o psicólogo?". Nessa pergunta está contida a indicação de que se deve olhar para trás na história para responder o que aconteceu ou está acontecendo que efetuou, empurrou, levou a pessoa a procurar o psicólogo.

Boss (1961) mostra o problema epistemológico e o encobrimento da condição de existência nos conceitos psicológicos modernos de motivação. Colocando a noção de motivação em questão, ele explica que o pensamento moderno interpreta as ações humanas como causadas por alguma força, como na física. Sempre deve haver, nesse contexto teórico, portanto, alguma força que mova a pessoa em direção a algo. Se alguém pega uma maçã para comer, logo explicamos isso como causado por fome, um evento físico biológico. "O instinto de fome impele o ego a pegar e comer uma maçã, por exemplo. O ego é o pulsionado, o movido; o impulso da fome motiva o ego a comer a maçã, no sentido de uma causa do movimento" (p. 217). Mas, se essa pessoa vê um pedinte e se comove com seu sofrimento, a imaginação desse sofrimento é interpretada como causa do dar esmola. Novamente, algo (uma imagem intrapsíquica, a imaginação) causa o movimento em mim. Tanto um quanto outro são explicações causais do movimento humano, que o interpretam como algo movido, coisa entre coisas — coisa pensante ou coisa-objeto.

A tentativa de explicar o comportamento humano como movido por energia está presente na psicanálise de Freud, na qual o aparato psíquico é comparado a um sistema hidráulico de fluxo energético psíquico (as pulsões), podendo ocorrer represamentos ou desperdício de energia e transformação de energia psíquica em energia física, ocasionando sintomas no corpo (Boss, 1963; Freud, 1900/2001; Loparic, 1997; 1998; 2001). Tais concepções derivam do Romantismo alemão, que tomam a natureza como uma força desconhecida e não abarcável e situam o humano como parte dela, sendo como ela. Figueiredo (1991) situa a Psicanálise freudiana na matriz vitalista e naturista da Psicologia por essa razão.

Sloterdijk (2019) mostra como nos EUA, paralelamente, a Psicologia, a partir da obra de William James, desenvolve um entendimento do ser humano como fonte inesgotável de força e energia sem direção. Ela chama isso de "americanização do religioso": "Aquele que ainda não encontrou uma fonte de energia em seu terreno interior não pode desistir sob quaisquer circunstâncias: ele precisa continuar tentando até encontrar forças profundas" (p. 315). E explica: trata-se da "vinculação da mentalidade de garimpeiro à piedade do sucesso" (p. 315).

Quando Maslow (1943) elege a motivação como campo de estudo da Psicologia, o faz nesse contexto cultural e epistemológico. Sua importante contribuição é mostrar que necessidades básicas motivam os comportamentos humanos, das quais somente a base da pirâmide é fisiológica. São elas: fisiológicas, segurança, amor, estima e autoatualização, além de outros impulsos intelectuais. A manutenção do preenchimento delas também é motivadora. O princípio que as rege é a homeostase orgânica e seu preenchimento se dá por aproximação; isto é, quando já se aproxima da consumação, o organismo humano já está motivado para o próximo nível hierárquico. "Satisfação relativa" é o termo que ele emprega. Conclui, assim, que "o homem é um animal perpetuamente desejante" (p.18).

Na linguagem cotidiana, motivação tem a ver com vontade. O Dicionário Houaiss (2021) apresenta como sinônimo de "causa" e define como "dar motivo a; causar, provocar, ocasionar". Estar motivado é estar a fim de... Nisso se mistura à concepção implícita de livre arbítrio, de que posso fazer o que eu me determinar. Por exemplo, quando alunos procuram o Plantão Psicológico desmotivados para os estudos, esperam conseguir mecanismos que reativem sua vontade. Isso não faz sentido de um ponto de vista fenomenológico, e sabe muito bem disso quem já atendeu pacientes deprimidos, que dizem "eu quero fazer tal coisa, mas não consigo". Não é falta de vontade que está em jogo. O querer, a vontade, pode ser desdobrada em múltiplas camadas. Diante de um apetitoso pedaço de bolo, quero comê-lo, mas também quero permanecer magro e quero poder olhar para trás na minha vida, no futuro, e considerar que não deixei passarem oportunidades de pequenos prazeres, como também quero não herdar a diabetes de minha avó e sei que ingerir açúcar agora aumenta as chances. Ou seja, o querer é ambíguo, ambivalente, nunca autotransparente.

Maslow (1943) demonstrou que há múltiplas motivações para cada comportamento e que elas são, mais frequentemente, inconscientes. Necessidades cotidianas estão fundadas e ocultam necessidades básicas inconscientes. Entretanto, ao assumir a homeostase como princípio regente da motivação humana, o psicólogo humanista propõe o desequilíbrio como força motriz, espelhando no nível psicológico o funcionamento fisiológico, posicionando o humano como objeto de forças.

Para Boss e Heidegger (1987/2009), o método de pesquisa e a conceituação da Psicologia (dos anos 1950 e 1960, pelo menos) não é capaz de explicitar a condição humana. Ao buscar na biologia modos de interpretar a motivação, a Psicologia oculta a radical abertura humana ao futuro, inserindo as tomadas de posição existenciais numa cadeia racional de comportamentos causados. Assim, os dois posicionam-se criticamente a essas concepções, propondo em seu lugar a noção de ex-sistência enquanto abertura na qual a realidade acontece. O que se mostra na clareira de mundo é como está sendo possível a existência ser, isto é, projetar-se em direção a um futuro que lhe está aberto, recolhendo um passado significativo e lidando com o que se apresenta significativamente. E isso é possibilidade, isto é, poderia não ser; se a existência se relaciona com o que está aberto diante dela é porque sua derradeira possibilidade, a de não mais ser, ainda não se deu.

Não dá, portanto, para falar de causas externas ou internas para o comportamento, cabendo somente considerar que um mundo aparece enquanto e como a existência se projeta. Concomitantemente ao aparecimento de possibilidades existenciais, a existência se faz, acontece (Boss, 1961).

No *Seminário de Zollikon*, Heidegger e Boss (1987/2009) explicam que quando o sol bate numa pedra, ela esquenta. Pode-se estabelecer uma relação causal e afirmar que a pedra esquenta porque o sol incide nela. Já com a existência isso não cabe nem é possível. Heidegger pergunta aos médicos que acompanham o seminário de 9/07/1964: "O animal pode agir? Por exemplo, pegar um pãozinho? Fechar a janela porque há barulho lá fora? Que movimento é esse?" e responde: "O motivo não obriga. A pessoa não é obrigada, é livre. Ele me solicita fazer algo" e, adiante, "O caráter do motivo é que ele me move, que *interpela* o homem. No motivo há, evidentemente, um ente, que me interpela: compreensão, ser aberto para uma determinada conexão de significado e de mundo" (p. 53) Abre a janela a existência para a qual este instrumento apareceu como o possível de uso e pertinente na conjuntura do barulho na aula, isto é, nesta situação. Ou seja, a existência abre a janela porque pode abri-la.

Numa conversa com Boss, Heidegger dá um exemplo ainda mais claro sobre isto, fazendo referência a conferências que o daseinsanalista apresentaria em Harvard:

> A vontade [*Verlagen*] deste diálogo é determinada pela tarefa que tenho diante de mim. Isto é o motivo, o 'porquê'. O determinante não é uma ânsia ou pulsão que me faz ansiar e que me impulsiona por trás

> para algo, mas sim algo que está à minha frente, uma tarefa na qual eu estou empenhado, algo de que sou encarregado. Isto, por sua vez, esta relação com algo de que sou encarregado só é possível se eu estiver adiante de em relação a mim mesmo, assim como, por exemplo, o senhor em relação às conferências de Harvard, para as quais o senhor está convidado. Seu futuro poder-ser na Universidade de Harvard, nos EUA, lhe diz respeito agora e constantemente vem ao seu encontro. Se dissermos a respeito disso: algo me faz ansiar, então isso já é uma distorção e objetivação de um processo, uma interpretação inadequada. Em nosso diálogo não se trata de um processo psíquico indefinido, de um 'mecanismo de pulsão mitológico' (Freud), que me impulsiona, mas sim de algo muito determinado em nossa existência, isto é, de um poder-ser-no-mundo determinado, pelo qual nós decidimos, no sentido de nos termos aberto para isso. Nós temos que *concordar* com este estar aberto, temos que aceitá-lo (HEIDEGGER, 1987/2009, pp. 211-2, grifo meu).

Analogamente, procura o Plantão aquele a quem o atendimento psicológico apareceu como uma possibilidade num contexto concreto de sofrimento existencial. Procura porque pode. Nada obriga. Procura em resposta à condição existencial entrevista como inclusão pré-ontológica. Também as consequências do encontro no Plantão Psicológico não são planejáveis de antemão, não são decorrências planejadas.

Esse movimento de ir em direção a uma possibilidade existencial se funda na radical singularidade e liberdade. Ou seja, funda-se na relação com a condição de ser existência, isto é, de ser e saber-se responsável por fazer-se (dimensão ontológica), e numa tonalidade afetiva e compreensão da situação concreta histórica de que algo não vai bem consigo e na qual uma intervenção psicológica aparece conjunturalmente como uma possibilidade.

Mais concretamente, no caso do Plantão Psicológico que temos realizado na UFMG, isso quer dizer que embora muitas pessoas recebam a notícia do serviço, somente alguns efetivamente o procuram. Não há relação de causa e efeito entre a divulgação de serviço e a procura por ele.

A procura motivada pelo Plantão Psicológico

A procura pelo Plantão Psicológico é uma tomada de posição na situação existencial. É um posicionamento em relação à compreensão do contexto histórico e social concreto e da condição humana incluída (experienciada pré-ontologicamente) na situação.

Ao procurar o serviço, o cliente encontra-se numa compreensão de si ôntica encurtada, a partir da qual encontra o plantão como serviço psicológico que pode efetuar novas forças que causem alterações em seus comportamentos. Interpreta-se como coisa entre coisas, e o Plantão Psicológico como um instrumento — uma intervenção objetiva externa — que efetuará algo pelo cliente. É o que se manifesta na explicação de sua procura à luz de eventos passados — distantes ou recentes — aos quais é atribuída a causa como força motriz que empurra a pessoa ao atendimento. Geralmente, este aspecto vem formulado como queixa psicológica.

Está incluída no pedido por intervenção psicológica uma compreensão de que a situação vivida pode ser diferente. Ou melhor, só procura o serviço alguém a quem uma outra conjuntura já apareceu no horizonte como possível. Nesse sentido, buscar atendimento é pró-cura, isto é, um modo de cuidar para que uma situação futura possível venha a ser. Funda-se, portanto, numa compreensão de si como poder-ser, como ser indeterminado. Compreende-se, ainda que implicitamente, como existência a quem futuro e passado compõem uma biografia e que existir é ser esse entre passado e futuro, é situar-se na atualidade que é o fio da navalha no qual a história própria acontece. Ou seja, sabe, em algum nível, que é participante de seu futuro (embora não único autor) e que pode tomar sua vida em suas mãos em qualquer direção. Incluído está, também, que seu futuro é indeterminado e tanto isso quanto sua responsabilidade por ser si mesmo são ameaçadores. Nesse sentido, a procura pelo Plantão Psicológico e, em certa medida, o atendimento mesmo, é instante (*kairós*), momento crítico e decisivo (Evangelista, 2016).

Na situação de sofrimento em que acontece a procura, está incluído um saber tácito da vulnerabilidade da existência. Esta refere-se tanto à possibilidade de não mais existir quanto a de as relações de mundo e com outros com quem a existência é e por quais se reconhece poderem se perder. Alguém que procura porque sente seu namorado distante compreende, ao menos implicitamente, que seu namoro está correndo risco e que isso é constitutivo de todo relacionamento humano. Dito de outro modo, namorar funda-se na radical liberdade humana e, por isso, pode acabar, o que é verdade sobre toda relação humana. Quem procura se sentindo desmotivado para estudar compreende-se como singularmente responsável por fazer-se estudante e profissional, ameaçado pela falta de garantias de concluir o curso, ter emprego, inseguro quanto a como seus pais, seus professores, seus colegas vão julgá-lo etc.

Quem procura um serviço psicológico está indo ao encontro de outra pessoa. Na compreensão cotidiana encurtada, o psicólogo é um instrumento de reparo de problemas psicológicos, por assim dizer. Não é à toa que muitos clientes esperam que o plantonista lhes diga o que e como fazer para mudar sua situação. Mas, ao dirigir-se a um outro, está escolhendo pôr-se em contato com outra existência. Ou seja, vai em direção à ameaçadora situação de estar sob a interpretação do outro. Dito de outro modo, busca ser um estranho para um outro, isto é, apresenta-se a alguém que não o conhece e nada sabe sobre sua existência singular, o que torna necessário apresentar-se sem a garantia de que seu interlocutor entenderá sua situação tal como si mesmo. Essa falta de garantia é inerente a toda relação humana. Assim, busca, em última instância, a desconfortável situação de indeterminação incluída em todo encontro humano, no qual nunca se sabe aonde a conversa vai levar, que entes aparecerão. Morato vai nessa direção ao afirmar que o Plantão Psicológico se tornou situacional:

> Pode-se dizer que *o fazer* do plantonista passou a residir no encontro que se estabelecia entre ele e aqueles que o procuravam. O Plantão passou a habitar a temporalidade da relação entre plantonistas e sofrentes e, por esse motivo, tornou-se *situacional*: configura-se como um modo clínico de estar junto ao sofrente" (Morato, 2006, p. 7)

Os plantonistas passam pela mesma experiência de desabrigo, pois estão expostos aos modos de ser e sofrimentos mais diversos e se encontram muitas vezes tão impotentes quanto o cliente.

Para o cliente, ir em direção à indeterminação do encontro humano abre espaço para que se desfaçam tramas compreensivas rígidas e crie-se espaço para rearticulações de mundos possíveis. Está buscando, portanto, tornar-se um estranho para si mesmo que, enquanto condição humana, já é. Abrindo-se à inospitalidade, sensível à indeterminação, pode projetar-se de posse de si mesmo e ciente de que quaisquer referências exteriores, como orientações, conselhos, teorias etc. nada garantem.

Em síntese, se entendermos o Plantão Psicológico pelo significado da palavra "plantão", de origem médica, entenderíamos que se trata de uma intervenção psicológica dirigida à rápida recuperação de bem-estar. A leitura existencial aqui proposta vai na direção oposta: a procura pelo plantão busca intensificar a ameaça da indeterminação existencial anunciada, mas encoberta, no cotidiano e na compreensão de si ôntica. O atendimento em Plantão Psicológico torna-se, assim, um esgarçamento das tramas de sentido sedimentadas, que conferem uma identidade estável à existência, uma explicação causal da situação que está vivendo e objetificante de si. Dito ainda de outro modo: um bom atendimento de Plantão Psicológico é aquele do qual o cliente sai com mais perguntas do que entrou, tanto quanto mais amigado de sua condição existencial.

O momento da procura é o instante (*kairós*) em que a existência é tocada mais fortemente pela indeterminação existencial que já a habita. A procura é a tomada dessa indeterminação — e de seus riscos inerentes — nas mãos, a fim de intensificar o estrangeirismo pressentido no incômodo por qual a explica. Aqui reencontramos a definição de *pro-cura* de Pompeia & Sapienza (2004), mas sob outro ângulo: é na direção de olhar de frente para a condição de existência, isto é, de assumir responsabilidade por seu ser. É um posicionamento em direção à indeterminação: encontrarei um "quem" que me é estranho e que me estranhará.

"É, portanto, abertura de novas possibilidades, de nova configuração de mundo. A motivação para o plantão precisa ser entendida, pois, como um chamamento da própria condição existencial, mais do que um impulsionamento por alguma situação concreta. Por isso, também, nem sempre é possível à pessoa esclarecer que contexto concreto precede a procura pelo Plantão Psicológico. Podemos entender assim a prevalência de queixas de ansiedade como causa de procura. O que chamamos ansiedade é angústia encoberta e, como Heidegger bem indica, "pode irromper nas situações mais anódinas" (1927/2012, p. 529).

Referências

ANCONA-LOPEZ, M. Atendimento psicológico em Clínicas-Escola. *In*: MACEDO, R. (org.) *Psicologia e Instituição:* Novas Formas de Atendimento. São Paulo: Cortez, 1986.

BOSS, M. The ego? Human motivation? *Acta psychologica, 19*, 1961, p. 217–222.

BOSS, M. *Psychoanalysis & Daseinsanalysis.* Trad. L. B. Lefebre. New York; London: Basic Books, Inc. Publishers, 1963.

BOSS, M. *Angústia culpa e libertação – Ensaios de Psicanálise Existencial.* Trad. B. Spanoudis. São Paulo: Duas Cidades, 1981.

BOSS, M.; HEIDEGGER, M. *Os Seminários de Zollikon - Protocolos, Diálogos, Cartas.* Trad. F. Prado. Petrópolis, RJ: Vozes, 1987/2009.

BUGHENTAL, J. O Eu: Processo ou Ilusão? In: T. GREENING (org.) *Psicologia Existencial-Humanista.* Trad. E. de Almeida. Rio de Janeiro: Zahar Editores, 1975, p. 83-104.

CABRAL, B. Práticas psicológicas na Rede-SUS e Estágio Profissionalizante: (trans)formação como desafio. *Ayvu Revista de Psicologia, 1* (2), 2015, p. 24-48. Disponível em: <https://doi.org/10.22409/ayvu.v1i2.22178>.

CARDOSO, C. Aspectos Filosóficos, Teóricos e Metodológico da Gestalt-terapia. *Revista Psique, 9*, 1999, p. 47-65.

CURY, V. Psicólogos de plantão... In: M. MAHFOUD (org.) *Plantão psicológico: Novos horizontes*, 2012, 2a ed. Pp. 151-155. São Paulo: Companhia Ilimitada.

CURY, V. & RAMOS, M. Plantão psicológico em clínica escola: Prática e pesquisa. In: J. BRESCHIAGLI; M. C. ROCHA (orgs.) *SAP – Serviço de Aconselhamento Psicológico: 40 anos de história*. São Paulo: CCP-PSA/IPUSP, 2009, pp. 133-142. Disponível em: <http://citrus.uspnet.usp.br/cmip/sites/default/files/livro%20SAP_15_12_2015.pdf>.

DUTRA, E. Rogers and Heidegger: Is a gathering for a new view of the self possible? *Estudos de Psicologia*, Campinas, 33(3), 2016, 413-423. Disponível em: <https://doi.org/10.1590/1982-02752016000300005>.

EVANGELISTA, P. Temporalidade kairológica do Dasein e Plantão Psicológico. In: P. EVANGELISTA, H. MORATO & P. MILANESI (Orgs.). *Fenomenologia existencial e prática em psicologia: Alguns estudos*. Rio de Janeiro: Via Verita, 2016, pp. 147-158.

EVANGELISTA, P. Sofrer pelo próprio ser: a Daseinsanalyse de Alice Holzhey-Kunz e a inclusão pré-ontológica da existência como fundamento do sofrimento existencial. *Natureza humana*, 21(1), 2019, 120-128. Recuperado em 03 de maio de 2021, disponível em: <http://pepsic.bvsalud.org/scielo.php?script=sci_arttext&pid=S1517-24302019000100009&lng=pt&tlng=pt>.

EVANGELISTA, P. A fundamentação metafísica da psicologia humanista à luz da fenomenologia existencial. *Revista da Abordagem Gestáltica*, 26(2), 2020, 208-219. Disponível em: <https://dx.doi.org/10.18065/2020v26n2.8>.

FIGUEIREDO, L. C. *Matrizes do pensamento psicológico*. Petrópolis, RJ: Vozes, 1991.

FREUD, S. *A Interpretação dos sonhos*. Trad. W. Oliveira. Rio de Janeiro: Imago Ed., 2001 (Originalmente publicado em 1900).

HEIDEGGER, M. *Ser e Tempo*. Trad. F. Castilho. Campinas, SP: Editora da Unicamp; Petrópolis, RJ: Editora Vozes, 2012. (Original publicado em 1927).

HEIDEGGER, M. A essência da verdade. In: M. HEIDEGGER. *Marcas do caminho*. Trad. E. GIACHINI & E. STEIN. Petrópolis, RJ: Vozes, 1930/2008, pp. 189-214. (Original publicado em 1930).

HEIDEGGER, M. O Tempo da imagem de mundo. In: M. HEIDEGGER. *Caminhos de Floresta*. Trad. 3a ed. A. Sá. Lisboa: Fundação Calouste Gulbenkian, 1938/2014, pp. 95-138.

HEIDEGGER, M. A questão da técnica. In: M. HEIDEGGER. *Ensaios e Conferências*. Trad. E. C. Leão. Petrópolis, RJ: Vozes, 2002, pp. 11-38. (Original publicado em 1949).

HOLZHEY KUNZ, A. *Daseinsanálise: o olhar filosófico-existencial sobre o sofrimento psíquico e sua terapia*. Trad. M. Casanova. Rio de Janeiro: Via Verita, 2018.

HOUAISS, GRANDE DICIONÁRIO. Disponível em <https://houaiss.uol.com.br/> Acessado em 3 de maio de 2021.

LOPARIC, ZELIJKO. A máquina no homem. *Psicanálise e Universidade*, 7, 1997, pp. 14-32. Disponível em: <https://ibpw.org.br/acervo-loparic/textos-publicados/>.

LOPARIC, Z. Psicanálise: uma leitura heideggeriana. Porto Alegre: *Veritas*, 43(1), 1998, 25-41. Disponível em: <https://doi.org/10.15448/1984-6746.1998.1.35392>.

LOPARIC, Z. O "animal humano". *Natureza humana*. *2*(2), 2000, 351-397. Recuperado em 10 de maio de 2021, de <http://pepsic.bvsalud.org/scielo.php?script=sci_arttext&pid=S1517-24302000000200005&lng=pt&tlng=pt>.

MAHFOUD, M. A vivência de um desafio: plantão psicológico. M. MAHFOUD (org.) *Plantão psicológico: Novos horizontes*, São Paulo: Companhia Ilimitada, 2012 (2a ed.), pp. 11-30.

MAHFOUD, M. Desafios sempre renovados: plantão psicológico. In: M. TASSINARI; A. CORDEIRO; W. DURANGE (orgs.) *Revisitando o Plantão Psicológico Centrado na Pessoa.* Curitiba: CRV, 2013, pp. 33-50.

MASLOW, A. A theory of human motivation. *Psychological Review,* 50, 1943, 370-396.

MORATO, H. Pedido, queixa e demanda no Plantão Psicológico: querer poder ou precisar? *Anais do VI Simpósio Nacional de Práticas Psicológicas em Instituição – Psicologia e Políticas Públicas.* Vitória: UFES, 2006.

MORATO, H. Plantão Psicológico: inventividade e plasticidade. *Anais do IX Simpósio Nacional de Práticas Psicológicas em Instituições – Experiência, Intervenção e Pesquisa,* Recife-PE, 2009, pp. 31-45. Disponível em: <http://www.lefeusp.com.br/images/stories/arquivos_diversos/ix_simposio_anpepp/plantao_plasticidade_henriette.pdf#!anais-ix-simpsio/cdq5>.

PERLS, F.; HEFFERLINE, R.; GOODMAN, P. *Gestalt Therapy – Excitement and Growth in the Human Personality.* U.S.A.: Penguin Books, 1951.

POMPEIA, J. A.; SAPIENZA, B. T. *Na Presença do Sentido: Uma aproximação fenomenológica a questões existenciais básicas.* São Paulo: EDUC/Paulus, 2004.

ROCHA, M. C. Plantão psicológico: Desafios e potencialidades. In: J. BRESCHIAGLI; M. C. ROCHA (orgs.) *SAP – Serviço de Aconselhamento Psicológico: 40 anos de história.* São Paulo: CCP-PSA/IPUSP, 2009, pp. 103-120. Disponível em: <http://citrus.uspnet.usp.br/cmip/sites/default/files/livro%20SAP_15_12_2015.pdf>.

SCOTT, C. Cuidado e Autenticidade. In: B. DAVIS (org.) *Martin Heidegger – Conceitos Fundamentais.* Trad. Creder, F. Petrópolis, RJ: Vozes, 2020, pp. 90-104.

SLOTERDIJK, P. Chances no monstruoso – Anotação sobre a mudança de forma do religioso no mundo moderno na sequência de alguns motivos em William James. In: P. SLOTERDIJK. *Pós Deus*. Trad. M. Hediger. Petrópolis, RJ: Vozes, 2019, pp. 297-322.

STEIN, E. A dramaturgia da existência e a dramaturgia da pulsão. In: E. Stein. *Seis estudos sobre 'Ser e Tempo'*. 5ª ed. Petrópolis, RJ: Vozes, 2014 (5a ed.), pp. 89-112.

Os autores

Achilles Gonçalves Coelho Júnior

Doutor pelo Programa de Pós-graduação em Psicologia da Faculdade de Filosofia, Ciências e Letras de Ribeirão Preto da Universidade de São Paulo (2018). Realizou estágio na Pontificia Università Lateranense di Roma, na Area Internazionale di Ricerca Edith Stein nella Filosofia Contemporanea, sob orientação da Profa. Dra. Angela Ales Bello. Possui Mestrado em Psicologia (2006) e graduação em Psicologia, ambos pela Universidade Federal de Minas Gerais (2000). Atualmente é professor no Centro Universitário FIPMoc em Montes Claros/MG, onde também coordena Serviço de Atendimento Psicopedagógico, bem como exerce atendimentos clínicos em consultório particular. Tem experiência na área de Psicologia, com ênfase em Intervenção Terapêutica, atuando principalmente nos seguintes temas: Fenomenologia Clássica, Edith Stein, Plantão Psicológico e Logoterapia.

Ari Rehfeld

Psicoterapeuta e Professor Supervisor na PUC SP. Precursor da abordagem fenomenológico-existencial na

Gestalterapia brasileira, ministrou grupos de estudos por 35 anos, sendo participante da construção de vários institutos de formação de psicoterapeutas. Diretor coordenador do Centro de Formação e Coordenação de grupos em Fenomenologia.

Beatriz Helena Paranhos Cardella

Psicóloga e Psicoterapeuta. Mestre em Educação. Especialista em Psicologia Clínica e em Gestalt-terapia. Supervisora Clínica. Professora de diversos Cursos de Formação em Gestalt-terapia pelo Brasil e autora dos livros *O amor na relação terapêutica* (Editora Summus), *A construção do psicoterapeuta* (Editora Summus), *Laços e Nós* (Editora Agora), *De volta para casa* (Editora Foca). Coordenadora dos Grupos de Estudos de Temas Clínicos.

Claudia Lins

Doutora em Psicologia Clínica pela Pontifícia Universidade Católica do Rio de Janeiro. Mestre em Psicologia Social pela Universidade Gama Filho. Professora Associada do Departamento de Psicologia da Faculdade de Filosofia e Ciências Humanas da Universidade Federal de Minas Gerais (UFMG). Coordenadora do Curso de Especialização em Psicologia Clínica Gestalt-terapia e Análise Existencial (UFMG). Membro do Comitê de Ética da Associação Brasileira de Gestalt-terapia — AB. Psicóloga Clínica. Gestalt-terapeuta.

José Paulo Giovanetti

Graduado em Filosofia pela Faculdade de Filosofia Nossa Senhora Medianeira (1974). Graduado em Psicologia pela Universidade Federal de Minas Gerais (1981). Especialista em Filosofia pela Universidade Federal do Rio de Janeiro (1975). Mestre (1983), Doutor (1986) e Pós-doutor (1991) em Psicologia pela Université Catholique de Louvain. Docente aposentado da UFMG. Membro da ALPE (Associação Latino Americana de Psicologia Existencial). Professor do curso de Especialização em Psicologia Clínina: Gestlat-terapia e Análise Existencial da UFMG. Autor de numerosos artigos em várias revistas especializadas e dos livros *Psicoterapia fenomenológico-existencial: fundamentos filosófico-antropológicos* e *Psicoterapia antropológica. As contribuições de Binswanger e Gendlin.*

Maria Madalena Magnabosco

Graduada em Psicologia (Licenciatura, Bacharelado e Formação de Psicólogo) pela Universidade Federal de Minas Gerais (1983). Formação e Especialização em Psicologia Clínica (SID APA — BH — 1983 a 1993). Especialista em Psicopedagogia (1994 — Cepemg). Especialista em Ensino a Distância (2009 — Uniube). Mestre em Estudos Literários pela Universidade Federal de Minas Gerais (1998). Doutora em Literatura Comparada pela Universidade Federal de Minas Gerais (2002). Pós-Doutora em Estudos Culturais pelo PACC — UFRJ (2007). Docente na Faculdade Fumec (Curso Psicologia). Docente do curso de Pós-Graduação em Análise Existencial e Gestáltica (UFMG — Belo Horizonte). Psicologia Clínica (Abordagem Fenomenológico-Existencial — desde 1983). Coordenadora do Núcleo ABRAPSO de Belo Horizonte — Gestão 2015. Membro da Associação Latino Americana de Psicoterapia Existencial.

Paulo Eduardo Rodrigues Alves Evangelista

Professor Adjunto A no Departamento de Psicologia da Faculdade de Filosofia e Ciências Humanas da Universidade Federal de Minas Gerais (FAFICH — UFMG).

Doutor em Psicologia Escolar e do Desenvolvimento Humano pela USP, Mestre em Filosofia e graduado em Psicologia pela PUC-SP. Subcoordenador e Professor do Curso de Especialização em Psicologia Clínica: Gestalt-Terapia e Análise Existencial — UFMG. Coordenador do Grupo de Pesquisa CNPq "Psicologia, Fenomenologia Existencial e Contemporaneidade". Publicou *Psicologia Fenomenológica Existencial: A Prática psicológica à luz de Heidegger* (Ed. Juruá, 2016) e artigos sobre Fenomenologia Existencial e Daseinsanalyse.

Saleth Salles Horta

Psicóloga clínica pela PUC-MG (1978). Especialista em Psicologia Clínica Fenomenológica Existencial pela PUC-MG (1998). Docente do Curso de Especialização em Psicologia Clínica, da UFMG. Atende em consultório particular desde 1978.

Conheça os outros títulos da Coleção Fenomenologia e Psicologia Clínica

Fenomenologia e Psicologia Clínica

ISBN: 978-85-7074-004-5

Sofrimento Humano e Cuidado Terapêutico

ISBN: 978-85-7074-027-4

Construindo ideias
e conectando mentes

Este livro foi composto com tipografia Bembo Std
e impresso em papel Offset 90g.
na Gráfica Formato em outubro de 2021.